# 跑步笔记
# Running

[英] 保罗 · 考彻 [英] 托马索 · 贝尔纳贝伊 主编 乔 钧 王会儒 主译


[英] 保罗 · 考彻
[英] 托马索 · 贝尔纳贝伊
[英] 拉塞尔 · 穆罗伊
[英] 丹尼尔 · 福特
[荷] 雷默特 · 维林加
[英] 丹 · 克罗斯
编

乔 钧 王会儒 孙勇丽 杜红红 陆玉璞 胡寅虎 译



河南科学技术出版社
· 郑州 ·

**图书在版编目（CIP）数据**

跑步笔记/（英）保罗·考彻，（英）托马索·贝尔纳贝伊主编；乔钧，王会儒主译. —郑州：河南科学技术出版社，2019.10

ISBN 978-7-5349-9611-5

Ⅰ.①跑… Ⅱ.①保… ②托… ③乔… ④王… Ⅲ.①跑—运动训练 Ⅳ.①G822.02

中国版本图书馆CIP数据核字（2019）第151835号

出版发行：河南科学技术出版社
地址：郑州市郑东新区祥盛街27号　邮编：450016
电话：（0371）65788858　65788629
网址：www.hnstp.cn
策划编辑：李　林
责任编辑：张　翼
责任校对：崔春娟
封面设计：张　伟
责任印制：朱　飞
印　　刷：郑州市毛庄印刷厂
经　　销：全国新华书店
开　　本：787 mm×1092 mm　1/16　印张：9.75　字数：120千字
版　　次：2019年10月第1版　2019年10月第1次印刷
定　　价：39.80元

# 目录

# 前言

如果想在跑步中体验乐趣或者想认真对待跑步，那么本书非常适合你。如果想参加跑步比赛或者想跑得更远或者更快，那本书会提供必要的知识。

本书可以帮助你更科学地训练，并帮助你以良好的状态站在起跑线上，这样你就可以享受跑步并挑战你的个人目标。

许多跑者开始跑步是因为想健身或者减肥，但是一旦体验到跑步的乐趣以后，他们可能会参加比赛，这时可能会出现一些问题。

本书介绍的训练指导方针将帮助你迈出下一步，逐渐提升你的整体运动水平。设定明确的目标是一种很好的方式，在你想偷懒的时候，有助于督促你不要懈怠，继续锻炼身体。与一两个拥有相似速度或者能够相互适应的伙伴组队跑步也是值得推荐的。还可以加入跑步俱乐部，那里的氛围比想象中友善、轻松，但需要很大一笔费用。

本书的每一部分都是为了让你了解不同的跑步健身领域，涵盖跑步各方面的练习，包括高效跑步需要的技巧，这将有助于你形成更省力的跑步风格，以及正确的交叉训练和拉伸等练习方式。针对不同时间、不同距离跑步比赛的训练计划，可以帮助你逐渐适应和加强身体，避免受伤。

无论你想尝试何种运动，掌握必要的运动知识可以让你更好地完成目标，避免损伤，同时保持运动激情。完成目标是一种无与伦比的体验，但是这种经历并不总会在第一次尝试中出现，不过只要目标合理，坚持努力，目标终会实现（在这期间也会有很多乐趣）。

许多跑者还发现了一个他们之前从未意识到的存在于身边的社团和社交网络。即使是日常跑步中跑者间相互的点头致意，也是令人鼓舞的，会激励你继续前行。

放弃跑步的人可能会说："跑步对身体不好。"也可能会说："如果现在跑得太多，年纪大了以后关节损伤就不能走路了。"其实不仅是跑步，任何运动都有受伤的风险。但如果你遵循本书的指导，那么你完全可以在有益的、努力的、愉快的跑步中只是忍受一些肌肉的疼痛。

从偶尔的慢跑到10公里赛跑，再到马拉松，跑步给很多人带来了乐趣。持续的跑步或交叉训练会带给你更好的跑步体验并享受独处的空间。享受你的训练过程，并坚持下去，你就会达到目标。本书旨在帮助你科学地训练，并享受像世界各地其他万千跑者一样在风雨或阳光下跑步的激情。

# 概述

// 入门指南
// 训练原则
// 睡眠、食物和水

# 入门指南

通常，人们在经过一段时间的跑步后，会喜欢上跑步，会想要接受正规的训练。但是，从哪里开始呢？首先，你要明确自己的身体是否足够强健，是否可以增加训练强度，或者是否你应该当个业余跑者。

在开始任何训练之前，你应该经常和你的医生确认自己的身体是否适合挑战，尤其是当怀疑自己的健康状况或者身体有任何轻微伤害的情况下。

接下来，需要确保自己的身体健康状况足以应对挑战，确定有充足的时间进行训练，以及有更多的时间进行跑步。或者你是否有时间进行专业的运动训练。

还应该考虑工作和家庭生活，保证各方面的平衡。当然，有小孩或者工作繁重的情况下也是可以进行跑步训练的，但这需要更多的规划和决心。

一旦下定决心开始跑步，下一步就是制定目标。训练的目的是什么，是想跑得更远还是想跑得更快？

当然，大多数人的目标是一场计划参与的比赛。如果是这种情况，要确定适合自己的距离长度，并且设定比赛训练的时间节点。

是想成为冠军，还是只想超越自己，这些都不重要。只要跟上训练节奏，训练就会更有效率，你也会获得更多乐趣。不要期待第二天就能实现所有目标，你需要设定一个可行的目标，并且制订计划，在一段时间内实现这个目标。开始的时候，把想达到的训练效果及目标写下来，这会帮助你更视觉化地控制训练方向，持续关注训练状态，提高训练强度。

经过长期的训练，你就会知道哪种训练方式适合你，如何能达到训练效果的最优化。你可以把下一次比赛的名次、10公里赛跑或者马拉松的最佳个人成绩作为目标。

设定跑步目标，可以让你专注于训练，帮助你保持较高的运动积极性。祝你好运！虽然训练的过程是艰苦的、孤独的，但同时收获也是巨大的。不要退缩，期待最后的结果！

2461

# 训练原则

SPORT训练原则可以帮助你了解训练过程并进行有计划的训练，这样成绩就会稳步提升。

**特异性**（specificity）：明确训练目的是为了完成你希望实现的目标。简单来说，如果你想提高长距离跑步的能力，那就不要在冲刺训练上花费过多时间。

**连续性**（progression）：身体素质随着训练强度的提高会逐渐增强，最终会提高整体运动水平和竞技状态。

**超载性**（overload）：在一定程度上，超负荷训练会促进你状态的提升。如果你一直保持相同强度和速度的训练，就不会达到预期的效果。你需要不断用超负荷强度刺激肌肉和心血管系统，这样才能达到增强肌肉力量和提高运动水平的目的。

**可逆性**（reversibility）：中止或降低训练强度，体质会下降，因而总体表现也会下降。因身体不适或其他原因中断训练者再次开始训练的时候，会发现运动水平的减退。

**单调性**（tedium）：请保持运动激情。如果在训练中感到无聊或者不想去训练，那你的训练积极性就在减退，这会造成训练效果的减退甚至跳过训练课程，并且可能导致可逆性的发生。

在制订训练计划的时候，要遵循FITT原则完成SPORT训练原则。举个例子，为了确保SPORT训练原则中的连续性与超载性，可以增加训练课程的频率、每个课程的强度，或者增加运动时长；为了避免可逆性的出现，可在生病的时候降低训练强度；为了避免运动的单调性，可以转变训练方法。一次训练调整一个方面，不要几个方面同时调整，否则身体会因无法适应这么多的要求而受伤。

**频率**（frequency）：多长时间训练一次。

**强度**（intensity）：训练的强度。

**时间**（time）：训练的时长。

**类型**（type）：正在使用的训练方法。

# 睡眠、食物和水

保持正确的训练与休息的比例是非常重要的，训练与休息的不平衡会造成过度训练，降低训练效果与比赛水平，增加受伤概率。简单地说，休息与训练同样重要，当身体能适应更长时间的训练时，也要保证更高质量的休息。

- 制订一个时间表：严格控制睡眠时间。包括周末在内的每一天都要在同一个时间入睡及起床，最好能保证每天至少8小时的睡眠时间。打乱这个规律，可能会造成失眠。周末的“赖床”会造成周一很难按原定时间起床，从而需要重新设定睡眠生物钟。

- 锻炼：每天锻炼会有助于睡眠，但是睡前锻炼会影响睡眠。最好是在睡前5~6小时完成锻炼。

- 避免咖啡因、尼古丁和酒精的摄入：不要在睡前摄入有刺激性的食物。咖啡、巧克力、软饮料、茶、减肥药和一些止痛药都含有咖啡因，睡前应避免饮用。睡前也不要吸烟，因为尼古丁会直接作用于睡眠中枢，影响睡眠质量。酒精虽然可以减少入睡时间，但是睡前1小时摄入过多的酒精，会降低深睡眠和快速眼动睡眠（身体恢复的最佳时期）的质量，使人始终处于浅睡眠状态。

- 睡前放松：看书、听音乐、性行为、泡澡都有助于睡眠。可以建立某一个行为与睡眠的联系，使这个行为成为入睡常规中的一部分。如果不能入睡，不要躺在床上，可以做一些放松的事情（如前文提到的有助于睡眠的行为），直到感到疲惫。

- 控制室内环境：室内最佳温度为18~19℃，相对湿度为65%。尽可能保持室内黑暗及安静。

请刻苦训练，充分休息。补充营养物质可以维持训练中的供能，蛋白质、维生素、矿物质有助于身体的恢复。如果没有摄入充足的碳水化合物、蛋白质、脂肪及维生素，在训练中会很快感到疲惫且身体不能充分恢复，容易产生疲劳、疾病或损伤。补水至关重要，身体在水分充足的情况下其功能才会发挥得更好。即使水含量只降低1%也会影响运动表现，所以要养成补水的习惯。

# 从忙碌的生活方式到竞赛模式

## 忙碌的生活方式

这个相当容易理解：如果你不能坚持训练，你就无法看到自己的进步和在跑步中收获的成果。持续训练面临的最大阻碍就是忙碌的生活方式。如果难以在忙碌的生活和工作中抽空刻苦训练、参加比赛，说不定哪天你就会撞上臭名昭著的“墙”。

一般情况下，大多数人喜欢在家或者工作单位附近跑步，这里通常有可以利用的空间。很多跑者喜欢在周日提早起床，完成一次长距离跑步，这样也不会影响家庭生活。尽管需要早起跑步，但只要饮食补充充足，这一天还是可以保持充沛的活力的。几个小贴士：你可以跑步去上班，或者如果住得太远，可以在上班中途下车，然后跑完剩下的距离；如果你要去学校接孩子，可以提早去学校附近跑步，然后再接回孩子；如果你要把孩子送到课后辅导班，不妨随身带上跑鞋。通过简单的慢跑开始每天的训练，你会逐渐发现还是有时间去跑步的。

## 比赛前的准备工作

简单地说，你需要在比赛前一天准备好所有必需的跑步装备，熟悉比赛设施及位置（赛前、赛后的饮水点和食物点，为长距离跑步准备舒适的鞋），把这些装备都准备好，避免慌乱。

如果去外地参加比赛，请确保已提前预订好住宿的地方，并需要提前制订合理的路线，知道如何到达比赛场地、储存贵重物品的位置、取回贵重物品的地点和方法。尽管大赛都会准备很充分，但是如果有3万个选手参加比赛，总会有考虑不周全的地方。在起跑前预留一些时间，可以减缓压力，避免提前消耗能量。

在半程马拉松和全程马拉松的比赛中，热身运动不是必要的，因为这些比赛开始阶段都是慢跑，然后逐渐调整速度。然而对于10公里的比赛，通常需要15分钟的赛前热身，在最后几步提高比赛速度。再加上赛前拉伸，你就做好了出发的准备。

## 撞墙期

当你对忙碌的生活方式感到焦虑时，就没有意识到会有撞墙期这个问题，对吗？事实上，撞墙期只存在于马拉松中。简单地说，当你的糖原（碳水化合物转化而来）快耗尽时才会有撞墙期。耐力跑中主要是依赖糖原提供能量，一旦糖原消耗殆尽，就需要依靠脂肪提供能量，这时你会感到缺少动力，无法保持速度。这种情况一般在比赛接近30公里时发生，因为身体仅能储存大约2 000千卡（卡为非法定计量单位，1卡约为4.186焦）的糖原，这些糖原只能维持30公里的跑步距离。

可以通过运动饮料和运动凝胶补充糖原。一般在赛前补充运动饮料，比赛中每6公里补充1支运动凝胶。你必须在训练中尝试这种用法（在长跑中尝试是最佳的时机），仔细遵循凝胶包装上的使用说明。运动凝胶的使用频率各不相同，含有咖啡因的凝胶可能不一定适合你，且大部分凝胶在消耗后需要立即补水。

另一种避免身体到达撞墙期的方法就是训练。通过长时间的有氧训练，可以使身体尽快地适应并习惯消耗脂肪作为能源。这样就可以让糖原储存更长的时间。

# 运动装备

在涉及运动装备方面，跑步是所有运动中装备最简单的一项。毕竟，只要有一个安全、开阔的空间，就可以跑起来。最精良的装备就是你的身体，所以你的身体永远是第一位的，也是最重要的。当然，还是有一些装备可以增加你的跑步经验，提高你的训练效果，因为并不需要太多装备，所以跑步也不会花很多钱。

## 秒表

秒表是一种非常基本的运动装备，在冲刺训练和间歇训练中都非常实用。尽管你不需要花太多钱买秒表，但是你会发现在今后大部分的跑步中你会用到它。

## 心率表

心率表的最主要功能就是监测实时心率、平均心率及跑步中的最高和最低心率。作为一名跑者，心率是衡量训练强度及评估训练进程的重要指标。目前，较为高级的设备可以把跑步中的数据上传至电脑中进行数据分析。当然，也有很多具备基础功能、价格合理的心率表。

## GPS跑步表

这是一种非必需的装备，很多优秀运动员的训练、比赛中都没有使用这种装备。话虽如此，GPS跑步表仍然是很有用的，并且可以增加跑步的乐趣。GPS跑步表（一般以商品名命名）也是一种非常棒的激励工具。如果你是个数据控，没有什么比当你带着GPS跑步表完成一段长距离跑步，然后检查每一公里的跑步数据更开心的了。数据会显示你的跑步距离、速度、攀爬坡度，以及平均值等。数据上传后，你就会看到这些数据的图表。这对于有意愿完成更长距离跑步的跑者非常有用。这里有一个警告：许多跑者过度依赖跑步的数据，每跑几米就要看表，通过数据而不是身体状态来决定继续跑步还是停止运动是不对的。

## 服饰

跑步套装的价格千差万别，并不需要在这方面花大价钱。跑步需要一条短裤、一件T恤，确实在一定情况下，比如在夜晚跑步（请参考第40、41页）或者在雨天和其他天气情况下跑步（请参考第42、43页），应该根据跑步的场地情况准备不同的服饰。穿戴颜色鲜艳的衣服和夜跑灯可以提高夜晚跑步的安全性。速干衣快速排汗，能在潮湿的条件下保持体温。跑步夹克适合天冷时的慢跑训练，高品质的夹克轻薄、舒适，并且在一定程度上具有防水功能，适合轻松跑，而且它们通常带有反光带的设计，这有助于你被看到。

## 跑鞋

合适的跑鞋至关重要。鞋子的样式并不重要，重要的是穿着感觉舒适。可以根据跑步的步态测试找到合适的跑鞋，这是非常重要的，尤其是当你计划开始长距离跑步、半程马拉松或者全程马拉松训练的时候。合适的鞋子有助于避免运动伤害（请参考第62页“常见的跑步损伤”）。跑鞋是专门针对跑步这项运动而设计的，不要穿着跑鞋去做其他运动，这会使跑鞋很快被磨损，磨损后的跑鞋需要被更换。

STOP

**跑鞋常见问题与解答**

*问：我有一双很漂亮的运动鞋，我可以穿着这双鞋跑吗？我还需要一双专业的跑鞋吗？*

答：跑鞋是任何人开始跑步时最重要的一项装备。跑步是一项高强度运动，多功能训练鞋、网球鞋及其他类型的运动鞋没有足够的减震作用来吸收跑步的冲击力。同时，随着鞋垫的磨损，一双破旧的跑鞋会比好的跑鞋造成更大的伤害。买一双合适的跑鞋可以保护关节，减少受伤的风险。

*问：跑鞋的不同之处是什么？*

答：跑鞋是经过特殊设计的，具有支撑和缓冲作用，能减少跑步带来的冲击力。然而，并不是所有的跑鞋都适合你，选择一双合适的跑鞋并不是简单地从货柜上拿起一双跑鞋，或者是购买一双朋友推荐的跑鞋。跑鞋的选择范围非常广，有不同的类型和风格，以及不同的支撑和缓冲功能。选择一双合适的跑鞋取决于你的体重、生物力学、脚型及跑步中双脚的着力面大小。这就是为什么在买跑鞋时，找一位专业人员是非常重要的。穿一双合适的跑鞋，可以达到完全不同的训练效果，因为这双鞋符合你的自然生物力学，可以使跑步更有效、更舒适，得到更多支撑，降低运动伤害的风险。

*问：足外翻和过度外翻是什么意思？*

答：外翻是当脚掌与地面接触时，脚掌向内旋转。这个动作有助于减轻踏地时的冲击力，稳定足部。过度外翻就是在步态周期的承重期，足底过度向内旋转。足型一般分为四种：内翻足（或外翻不足），正常足，过度外翻足（轻中度）以及动作控制型足。大多数制鞋厂家生产的跑鞋涵盖了所有类型。根据外翻角度的不同，可以选择一双配有功能鞋垫或者矫正鞋垫（运动控制）的跑鞋。对于那些适合中性鞋型的跑者，他们通常需要高效能的生物机械型跑鞋，需要最大强度的鞋中底和最小的足弓支撑垫缓解冲击力。在挑选跑鞋时，足外翻的幅度是非常重要的考虑因素。专业人士有能力判断你适合哪一类型的跑鞋，会指导你找到合适的跑鞋。

*问：我的体重很重，在挑选跑鞋时还需要考虑哪些问题？*

答：体重偏重的跑者，一般需要中等强度稳定性或者运动控制型的跑鞋。避免选择轻量级性能的训练鞋。许多品牌制鞋厂家生产了宽版的鞋型，在这些中会找到适合你的一款。

*问：我怎么确定这双鞋适合我？*

答：咨询跑步专家，并把你的跑步数据作为鞋子的评估参考。一家信誉良好的运动商店会给你推荐最合适的跑鞋而不是最贵的鞋。如果选择范围广泛，你可以找店员或者专家帮你做选择。店员会在你测试不同类型跑鞋的时候，根据你的步态和踏地方式做出判断。带着以前穿过的跑鞋也会很有帮助，因为旧的跑鞋会反映你以前的跑步状态。店员也会根据你的训练目标、跑步经验及路面情况来帮你找到最合适的鞋。

*问：在挑选跑鞋的时候有什么技巧吗？*

答：许多专业跑鞋店会依据可视的跑步步态分析结果挑选合适的跑鞋。一般要在跑步机上跑一小段，记录下跑步状态，工作人员通过慢镜头的视频回放，分析脚着地的生物力线以及足踝的运动模式，找几款合适的鞋型，然后根据你的试穿情况，在其中挑选最舒适的一款。可视的跑步步态分析是通过跑步运动步态确定鞋型的精准方法。

*问：在一般跑步和竞速比赛中，是否需要不同的跑鞋？*

答：平地竞速鞋是轻量级性能的训练鞋，一般不具备很好的减震效果。这种鞋型比普通的跑鞋脚掌处更窄、鞋中底更小，这样使得这类鞋更轻、更柔韧。竞速鞋是针对提高竞速成绩而设计的，尤其是短跑比赛；或者着重在提高跑步效率的训练中使用，适用于不超过半程马拉松距离的跑步运动员。因为不需要提供最大能力的支撑及缓冲，相比于竞速鞋，一般跑者采用常规的跑鞋会更受益，常规的跑鞋会给他们带来更多的支撑及缓冲。竞速鞋同样不适用于体重过大的跑者，因为他们需要更多的支撑及舒适感。完成相同距离的比赛，速度越慢的运动员步数越多，这就与任何为了节省时间的设计相悖。正是由于这个原因，竞速鞋更适合于速度快、着重于大幅提高成绩的跑者。

*问：一双新鞋在比赛前需要先跑多少公里？*

答：要根据情况而定，一般来讲，需要跑50~60公里或者提前2~3周适应这双鞋。从短距离跑步开始使用新鞋，然后在比赛前穿新鞋至少进行一次长距离跑步。在现有的鞋子还能继续使用的情况下去磨合新鞋，是非常明智的。

*问：一双跑步鞋可以穿多久？*

答：鞋子平均可以使用的距离是800~950公里，但也视情况而定，比如你的体重、跑步类型、路面情况等。随着长期使用，跑鞋的减震性能和稳定性逐渐下降，继续穿破旧的或磨损的鞋跑步会造成胫骨和关节疼痛。鞋子的中底有提供缓冲和稳定的作用，通常在鞋底外侧磨损之前，中底不易磨损。有两种检查中底的方法：①用手指挤压鞋底内、外侧，检查中底的抗压性。②把两只鞋放在一个平面上，如果鞋表现出明显倾斜，就提示你需要更换新鞋了。如果你对此很困惑，可以一只脚穿新鞋，另一脚穿旧鞋，两者的不同可以很明显地感觉出来。

*问：如果我是名专业的跑步运动员，是否应该准备两双跑鞋，交替使用它们？*

答：不仅是专业的运动员需要准备两双跑鞋，只要经常训练或者每周有一次长距离跑步的跑者都需要准备两双跑鞋。两双跑鞋尽量交替使用，有助于延长跑鞋的使用寿命。累积使用800~950公里后，两双跑鞋都要更换，因此跑者有必要记录购买的时间及训练日志。

*问：如何针对不同的跑步距离选择跑鞋？*

答：对于冲刺或者短跑（≤5公里），轻量级性能的跑鞋可以在比赛时缩短跑步时间。对于马拉松或者长距离跑步，要确保鞋子可以适应这么长的距离，需要专门选一双针对长距离跑步设计的跑鞋。因为疲劳时脚容易过度外翻，而这些鞋可以提供更好的支撑。最重要的是，要确保鞋子的舒适度，并且跑步时有缓冲。一般来讲，随着跑步时间的延长，脚会略微胀大，所以宜选择比平时尺码大半码的鞋。除了考虑距离，还需要考虑路面情况，如果平时训练及比赛的地面不是柏油路，那就要考虑另外准备一双专门设计的鞋（如钉鞋、越野钉鞋、越野跑鞋等）。

*问：挑选跑鞋时还有其他建议吗？*

答：最好在下午去买跑鞋，因为此时的脚最大，并且要穿着跑步时穿的袜子试鞋。多对比几款鞋，而不是多换几个牌子，这样你才会知道哪种鞋更适合你。不要在跑鞋上省钱，你可能不需要最贵的那双鞋，但是你需要高品质的那双。

*问：什么情况下需要矫形鞋垫?*

答：一些跑者需要特殊的鞋垫（矫形鞋垫）纠正跑步步态。当两条腿长短不一或者有反复疼痛时，使用矫形鞋垫可以纠正跑步时的步态，使你从中受益。显而易见，专业的跑鞋店会使用视频步态分析的方法分析你的步态，提醒你在购买跑鞋之前应该注意的地方。一般而言，矫形鞋垫需要搭配一双性能良好的、稳定的中性鞋。然而，这并不适用于所有人。矫形鞋垫的定制需要根据足科医生或矫形师的建议制作模型。购买跑鞋时应带着定制的矫形鞋垫。带有矫形鞋垫的跑鞋可以给你提供更好的支撑和缓冲——矫形鞋垫与跑鞋无法相互替代。矫形鞋垫比一般鞋垫需要更大的空间，所以你可能需要一双鞋底更深、鞋面更宽的鞋。

093

# 技巧与策略

// 更敏捷 // 更明智 // 更高效

# 基本原则

本部分内容有助于改善你的跑步方式，帮你计划如何完成一场比赛或一个运动项目。但是提高跑步成绩的最好方法就是出去跑。随着跑步里程的增多，你会发现你的身体逐渐在适应，你可以跑得更顺畅、更有效。

那么，为什么还需要分析跑步方式呢?有两个原因：一是避免受伤，二是使用更少的力气跑得更快。举个例子，如果你发现跑步后臀部有疼痛感，可能是迈步过大所致，需要做出相应的调整。

有谁不想跑得更快、更省力呢?当你发现自己可以用更少的力气来跨越更多的距离时，这是一种很棒的感觉。你会开始觉得跑步像是滑行，而不再是双脚变得沉重。

当你跑步的时候，你的身体会感觉很好、很轻松，你的关节会在运动中感觉更灵活、更快乐。早晨醒来时，你会感到痛苦在减少，并准备好再次训练。如果需要对技术做出改变，记住要循序渐进，并且一次只改变一件事。

不过，最终适合你的技术才是最好的。许多优秀的马拉松运动员已经被其他一些拥有可怕技巧的人所取代。例如，葆拉·拉德克利夫(Paula Radcliffe)跑步时头部像在上下晃动，迈克尔·约翰逊(Michael Johnson)跑步时身体后仰看似即将摔倒，仿佛表明纪录即将被打破。

许多教练都知道，有很多业余跑步者，虽然技术很差，但是跑得很好，而且没有受伤。所以，要努力学习适合你的技巧，尽你所能去提高；要倾听你的身体，发现适合自己的技巧。

策略的选择关乎你数月训练的成败。重要的是要了解所有不同的距离，并学习如何根据距离调整自己的节奏。此外，你还需要知道自己的目标是什么。你是想出去玩、打发时间，还是准备和朋友打赌赢一场?

实际上比赛和仅仅有时间目标是有很大区别的。对于许多跑者来说，最重要的课程就是学习以怎样的速度来取得个人最好成绩。你也需要在消极的竞争中保持优势（在后半程加速）以及在较短的比赛中获得比赛起跑时的优势。

了解如何在精神和身体的影响下爬坡跑步也是至关重要的，这是一个决定你成功与否的方面。上坡爬得太猛，不仅不会节省时间，你还会消耗大量的能量。而在下坡时获得自信会保持你的跑步强度，并有助于你赢得宝贵的时间。

提高技术和战术可以让你的跑步能力上一个台阶。吸取教训可以让你跑得更快；改进比赛姿势可以让你免受伤害，从而减少训练中断。但是请记住，练习跑步没有捷径，你必须离开原地，逐步应用所学改变跑步技巧。

# 上半身

1 保持姿势挺拔，使肩膀位于臂部正上方，就像两点之间的一条直线一样。

2 手臂轻轻地前后摆动。

3 保持双手放松，拇指和食指之间就像夹着一张纸。

毫无疑问，耐力型运动员的大部分力量都在下半身。说到这一点，你需要一个强壮的核心来防止受伤，而在10公里的跑步距离内，好的摆臂动作有助于更快地向前推进身体。

跑步时应保持上半身放松，头部不动，颈部不要紧张。视线应该沿着地平线（前方20~30米处）柔和地聚焦。保持面部放松，尤其要放松下巴。

保持肩膀放松（不要向上绷紧或把肩膀推向耳朵），臀部上方的上半身抬起且挺直，这样不会限制呼吸。不要从臀部向前弯曲或将力量下压到臀部，这两种方式都会导致腰背部疼痛。

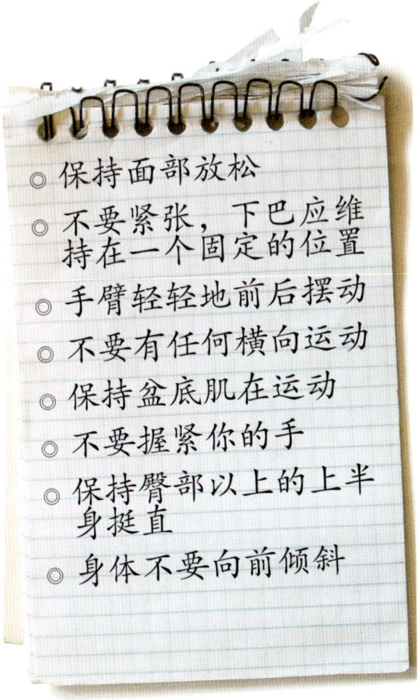


你的手臂应该保持在屈曲90°的位置，双手轻握，拇指轻轻放在食指上。避免紧握拳头，因为紧张会蔓延到整个上半身。可以通过想象轻轻地将一张薄纸夹在拇指和食指之间来放松双手。手臂前后摆动，不要横向摆动；任何横向摆动都会导致非常低效的跑步动作。

为了防止受伤，得确保盆底肌运动（要控制好阻止自己上厕所的肌群）。轻轻挤压（大约30%的力量）核心肌肉，有助于激活它们；它们反过来也有支撑背部的作用，可减少受伤的风险。学习使用盆底肌绝对是核心练习和交叉训练课程中第一位的。

正如你所看到的，正确的上半身技术的关键是放松和不紧张。许多跑者在要提速的时候，上半身非常僵硬，这种紧张非常消耗能量且没有意义。正如大部分的跑步方式一样，熟能生巧。所以，在训练的时候，要花一些时间关注上半身，保持平稳、放松的运动。

值得注意的是，很多跑得快的人都打破了技术规则，尤其是上半身。马拉松运动员葆拉·拉德克利夫独特的跑步风格，其上下晃动的头部显然不是出自于跑步的教科书。在过去，教练肯定会阻止这种头部运动，但强迫自己使用一种被认为有助于跑得更快的技术有时会引起更多的紧张，实际上也会产生相反的效果。最重要的是要保持放松，形成一种平稳、轻松的风格。

# 下半身

1 将你的脚跟踢向你的背部。

2 不要让踝关节或膝关节内外移动过多。

3 注意力集中在脚掌与地面接触的极短时间里。

下半身在耐力跑中的作用是极其重要的。因此，运动模式越简化，消耗的能量就越少，造成伤害的可能性也就越小。腿部的动作或跑步的步态很难改变，即使改变，你会发现大多数跑者都会回到原来的状态。你跑得越多，就会自然而然地发现自己在运动中变得更流畅，并且可以用更少的力气跑更远的距离。然而，有一些基本原则是每个人都应该注意的。很明显，人们很难看到自己的跑步方式，但是观察自己的跑步方式又相当重要，因为可以从中发现问题。最理想的方法是让朋友在你跑步的时候帮你拍视频。如果无法做到这一点，那可以从镜子里看自己在跑步机上的跑姿，也可以在阳光明媚的日子里跑步，从影子的形状观察运动状况。

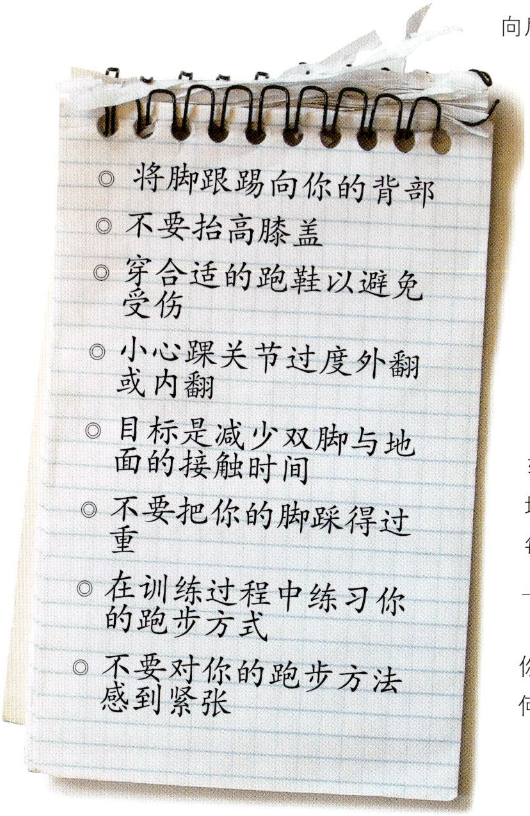


跑步时，脚跟应该踢向背部，这样可以最大限度地运用腘绳肌和臀大肌，同时也能帮助推动腿部向前。值得注意的是，这个跑步动作和短跑运动员的高抬腿动作不同。对于大多数长跑比赛，脚跟不需要踢得太高，但即便是脚跟轻微地踢向后背，也可以让你的跑步方式变得更有效率。

保持脚步轻盈和双脚尽量减少与地面的接触时间是十分重要的。慢跑时，脚会有更多与地面接触的时间，可以把注意力集中在跑过大地时双脚轻盈的感觉上，想象在地面上滑行，而不是把每只脚都重重地踩在地上。

你还应该了解双脚是如何着地的，因为作为一名跑者，你需要做很多次的着地动作。

足外翻是指当你的足底刚接触地面时，踝关节向内翻。足外翻是跑步步态周期中常见的一部分，有减震作用。但当足过度外翻时，会导致膝关节、踝关节或背部受伤。

与足外翻相反的动作是足内翻，是指踝关节向外翻。足内翻也是步态周期中的一部分，能起到减震作用。但过度内翻会导致损伤。对于这两种问题，最简单的解决方法是选择正确的鞋子（请参考第19~21页“跑鞋常见问题与解答”）。

# 脚步

1 前脚掌着地是一种很好的跑步方法，但它的减震作用较小，会给小腿带来很大的压力。

2 足跟着地能产生良好的减震效果，常见于慢跑运动员和大跨步的运动员。

3 足中部着地的运动员可以很好地平衡缓冲和加速。

对于大多数跑步运动员而言，最佳的着地方式是保持自己的个人风格，让身体适应更长距离的跑步。然而，重要的是你应该了解你采取的是何种跑步方式，从而调整相应的拉伸运动。如果你的脚再次受伤，那么你就需要改变着地的方式。

足跟最先着地的方式具有最佳减震效果，可以拉伸小腿肌肉，减轻跟腱的压力。这种方式很适合我们的身体，但是它同时也会让跑步变慢，并且伴随了错误的背后硬拉和跨步过大。你会看到很多伸直腿跑步的运动员，他们的足跟着地都非常用力。

前脚掌最先着地的方式是一种更高效、更快速的跑步方式，一定程度上是因为前脚掌与地面接触的时间少，而且会自然产生脚跟踢向后背的动作。这种方式也可以减轻踝关节和膝关节的压力。通常，使用这种方式的跑者不会过度跨步，脚掌着地也不会在臀部下方。这种跑步方式最主要的问题是小腿腓肠肌不断收缩，无法伸展。如果连续跑4~5小时，这会是一个大问题，会导致胫骨应力综合征、跟腱炎和肌肉拉伤。天生使用前脚掌着地的跑步运动员会遇到一些ITB（髂胫

束）的问题。如果你是一名前脚掌着地类型的跑者，你会发现这种跑步方式很难改变。那么你应该增加额外的拉伸运动，主要集中在拉伸小腿肌肉和ITB。除常规的运动按摩以外，拉伸有助于防止进一步的伤害。

如你所料，相对于上面两种跑步方式，采取足中部着地的方式跑步同样具有一些优势及劣势。例如，采取这种方式跑步，小腿可以轻微伸展，而不会对跟腱和ITB施加太多的压力。然而，这种方式的减震效果不如足跟着地的方式，这可能会在更长距离的比赛中产生更多的问题。因为足部与地面接触的时间越长，给身体带来的影响越大。

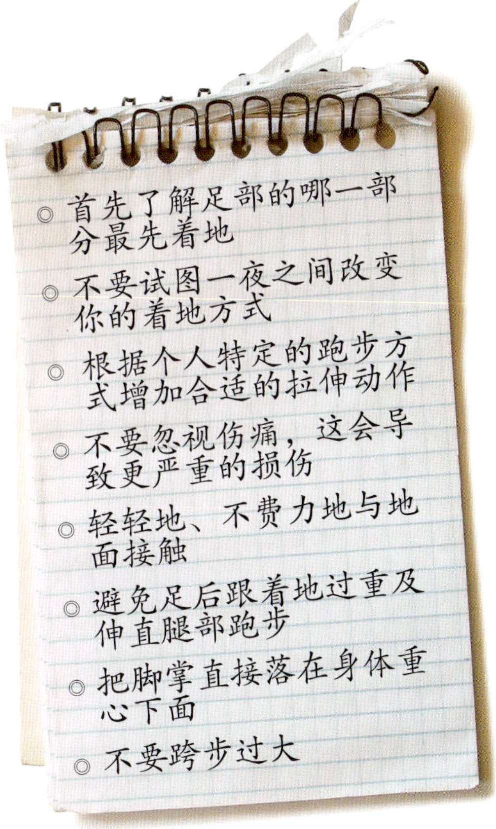

# 步频

1 专注于腿部发力，可以加快跑步速度。

2 使足部落地的位置正好位于臀部正下方。

3 专注于向前运动，而不是上下移动。

最好保留一部分步频技巧，这有利于调整跑步的节奏(每分钟的步数)，而不要只关注脚步着地的地方。

脚掌应该落地于臀部(身体重心)正下方，因为这样可以防止因跨步过大而造成伤害。这个问题通常与运动员试图跑得更快有关。如果你增加跑步步幅，你会发现自己的跑步速度也会加快。同时，你也会因此受伤，如膝关节疼痛、臀大肌和腘绳肌拉伤，以及最常见的跨步过大导致的损伤——胫骨应力综合征。

仔细观察大多数顶级运动员，你会发现他们的脚掌就落在身体重心的下方，而且他们采用的步频是每分钟175~185步（每条腿约跑90步），这并没有与许多业余跑者的步频不同。那么，为什么他们跑得更快？原因是发力感。这些运动员推动腿部的力量越大，那么他们的脚接触地面的时间就越少。这意味着他们每迈一步，可以跑得更远，即使他们双脚着地的姿势与业余跑者相同。

你可以做一个实验，记录下热身时每分钟跑步的步数，然后再以更快的速度跑步。大多数人会发现两者的跑步步数是相同的。在训练后，你会取得进步，发现自己可以跑得更快，同时单腿的步数保持不变。你会觉得自己变得更强壮，推动腿部的力量更有力，那么每一步的距离也会更远。

请注意，如果你的臀大肌或者腿部后方肌肉已被拉伤，那么可能是过度跨步导致的，所以你应该确保脚掌没有落在重心的前方。为了加快速度，将注意力集中在大力推动你的腿部上，然后把你的脚跟踢向你的后背，尽可能减少与地面的接触。想象一下，你是在地面上滑行，要避免上下起伏。你要用力向前运动，而不是上下移动。

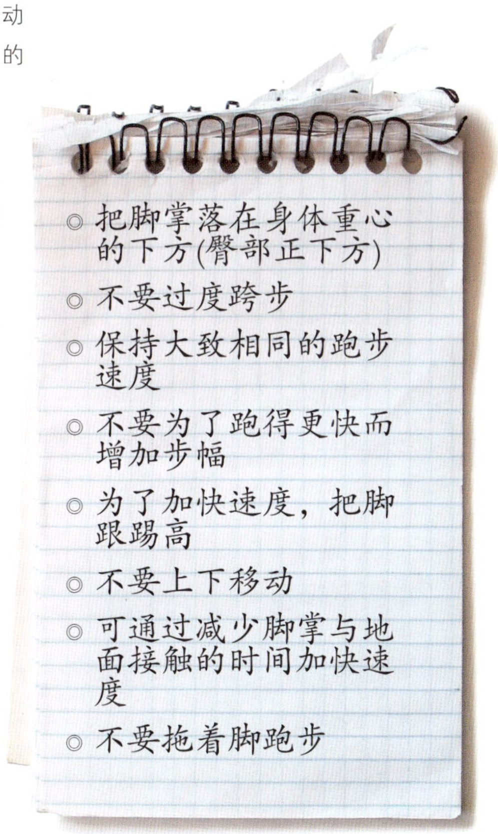

# 步速

1 起步不用太快。请保持耐心，减弱刚起步时的兴奋。

2 根据周围环境调整步速，在爬坡和逆风时放慢速度。

3 后半程加速，前半程的步速应该慢于后半程的步速。

10公里赛跑和马拉松的配速（每公里所需要的时间）完全不同，运动强度二者一开始就大不相同。步速对于实现预定目标至关重要：起步太快将无法维持预计速度；但起步太慢又会无法弥补失去的时间。

**10 公里**

如果跑步的初始速度让你感到不适，你可能会认为这是最漫长的跑步距离。跑步中，有氧能力需要达到90%左右的水平，所以在比赛前一定要进行充分的热身运动。第1公里的步速应该比后面路程的速度稍微慢一点。举个例子，如果你的目标是60分钟完成比赛，那么第1公里可以比余下的每一公里多用时20秒。然后，你需要加快速度，用比平均速度（每公里6分钟）稍微快一点的速度完成跑步。有一些运动员更喜欢直接进入他们的平均配速（或者甚至以较快配速开始跑步）。但对大多数人而言，最好是在几秒钟后轻松地进入比赛。比赛的中间部分是最艰难的，因为你会认为距离终点仍有很长一段路程。但是保持耐心、控制步速——每公里都会很快过去。即将到达终点时，需要评估你的能量水平。在这个时候，你需要考虑是否加速，是奋力前进赢得好的比赛成绩还是继续保持你的跑步速度。任何一场比赛都是不同的，你需要意识到不一定每次比赛你都能跑到终点。10公里比赛的好处是你可以在一个季度里多参加几场比赛，然后评估你的感受，从你的失误中吸取教训。

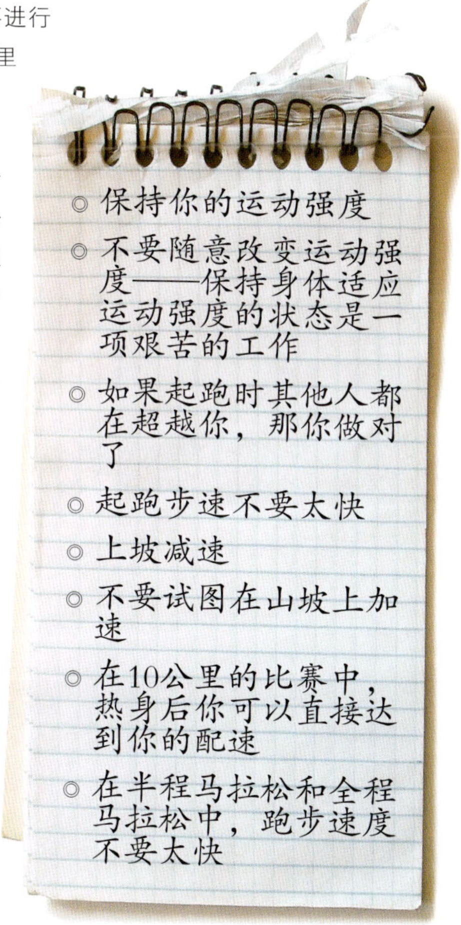

**半程马拉松和全程马拉松**

起跑时，你需要放慢速度。如果其他人在起跑时超过了你，你只需要按照正确的速度开始跑步，不要担心。运动员失败的最重要的原因之一是他们起步太快。你的目标是后半程加速（即比赛的后半程步速快于前半程步速）。在比赛的前1/3你应该会感到轻松，然后你会认为整个马拉松比赛很漫长。但是一旦适应跑步的步幅，你可以提高跑步的强度。你可能需要根据周围环境做出相应的调整，如上坡减速、下坡加速，还有逆风减速、顺风加速。

# 上坡

1 在上坡跑步时，摆动手臂，可以促进血液流动，有助于清除体内乳酸。

2 保持轻松的跑步风格，在上坡时放慢速度。

3 跑步技巧是在你脚着地的时候，脚掌落在身体的正下方，以及在上坡时步幅不要过大。

在上坡的时候最容易紧张，容易犯错。很少有人喜欢上坡跑步，但这是跑步的一部分。上坡时，需要放松上半身，步子不要迈得太大，手臂前后摆动，抬起脚跟跑步。一直保持向前看，有助于消除紧张。有些跑者喜欢向下看，他们会看不到前方的山坡。一些跑者在上坡时会采取更小的步伐，同时用力地摆动手臂。这可以促使血液流动，有助于清除乳酸。

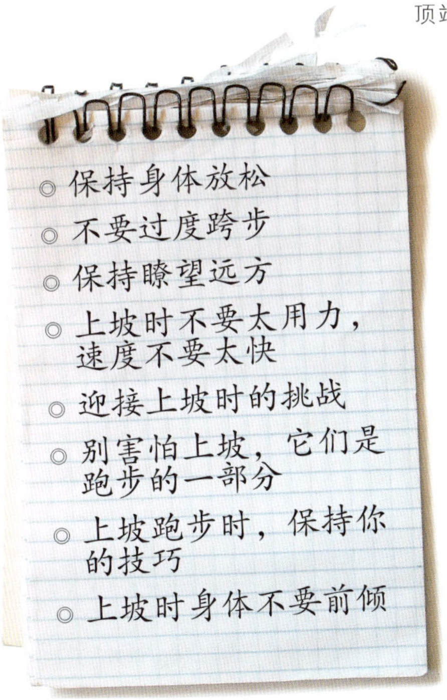


上坡跑步常见的错误是身体前倾，大步向前。这通常是为了在上坡的时候加速，尽快通过山坡。保持简单轻松的跑步姿势，在跑步时，应该做的最大的调整是步伐和思维方式。你是那种害怕爬坡上山跑步的人吗？通过调整步速，你会感觉轻松很多。

首先要记住，在匀速的强度下跑步，身体可以运作得更好。如果跑步的强度时高时低，则会消耗大量的能量。为了保证体力，在上坡时，需要尽量放慢速度。人的本能是努力爬到顶端，然后放慢速度。尽管你可能保持着一个均匀的速度，但在上坡时强度水平（心率水平）仍会上升。心率表可以在跑步时显示心率，保持每分钟增加5次的心跳（这都取决于山的坡度和长度）。

在比赛中上坡跑步时，你可以想象自己正跑在一条平坦的路上，这样有助于你克服心理压力，但在平时训练中不常使用此方法。努力上坡可以提高乳酸阈值、增加腿部力量和增强意志力。你在跑到山顶后，应该让自己继续向前跑50米。

在上坡训练中，一个常见的错误是精疲力竭地跑到山顶，然后缓慢减速。即使延长距离，你也应该保持配速，让自己逐渐降低速度（这样可以防止头晕），这也会增强你的意志力。在比赛时，努力上到山顶后，不能放慢速度，因为此时正是需要你更加努力的时候。

所以上坡跑步的关键在于保持个人的跑步模式，维持你的运动强度，学会面对挑战。上坡跑步可以很好地增加大腿的力量和增强意志力，最终有助于你成为一名更好的跑者。

# 下坡

1 下坡跑步时尝试增加跑步速度。

2 保持身体与山坡垂直。

3 下坡时，脚掌落地位于臀围线稍后方。

在下坡跑步的时候，尝试利用自身重量跑步。不要用很大力，让身体利用重力来加快步伐。到达山脚时，你会发现利用自身重力加速会轻松很多。

下坡跑的方法如果不正确，对身体会造成很大伤害，尤其会对背部和膝关节造成严重的伤害。然而，如果你一直调整跑步技巧，你将有信心真正做到这一点。然后，慢慢地你会发现，在下坡时可以用更少的力气跑得更快，而且第二天早上醒来时关节无疼痛。

下坡跑步时，注意力要集中在保持身体与斜坡垂直，避免身体自然向后倾斜。向后倾斜会给你的腰背部带来很大的压力，会消耗更多的能量。

保持身体向前推进，确保身体垂直于斜坡，避免脚掌拖地跑步。下坡跑步和平地跑步的最主要区别是脚掌落地的位置在臀部后方。以在臀围线稍后方脚掌着地，替代常规跑步技巧的在髋关节正下方脚掌着地，这样可以减少一些跑步的冲击力，让你充分利用斜坡的动量。

许多跑者会在下坡时提升速度，因为这样可以减少对关节的影响。这是一种练习的技巧。当你第一次做此项练习时，可能会有失控感。一开始，你可能会觉得自己像一头大象从山坡上滚下来，但是随着时间的推移，你会觉得自己好像在跳过斜坡，从斜坡的动量中受益很多。

这些技巧需要你对自己的能力有信心。下坡跑时突然停止是很正常的。每次练习一点技巧，慢慢地你会发现自己在整个比赛过程中可缩短很多的时间。

下坡时，要注意你所处的地形。当你跑得很快，全身都处于紧张的状态下，身体几乎失去控制，会很难突然停下来。注意你面前的东西，如坑洞、道路分隔物、你的路线或者其他你可能需要避开的障碍。

如果你在上坡跑时采取合适的步速，那么当你下坡的时候，就会有精力去提高速度。大多数跑步运动员在出发时用力上坡，消耗太多的体能，那么在下坡时他们的力量就不足了。

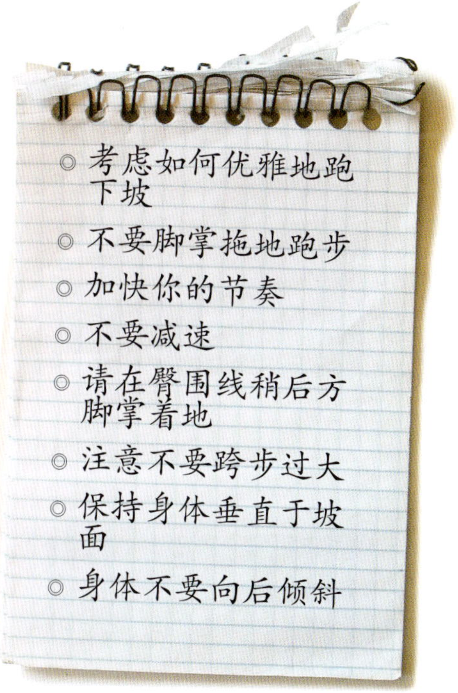

# 夜跑

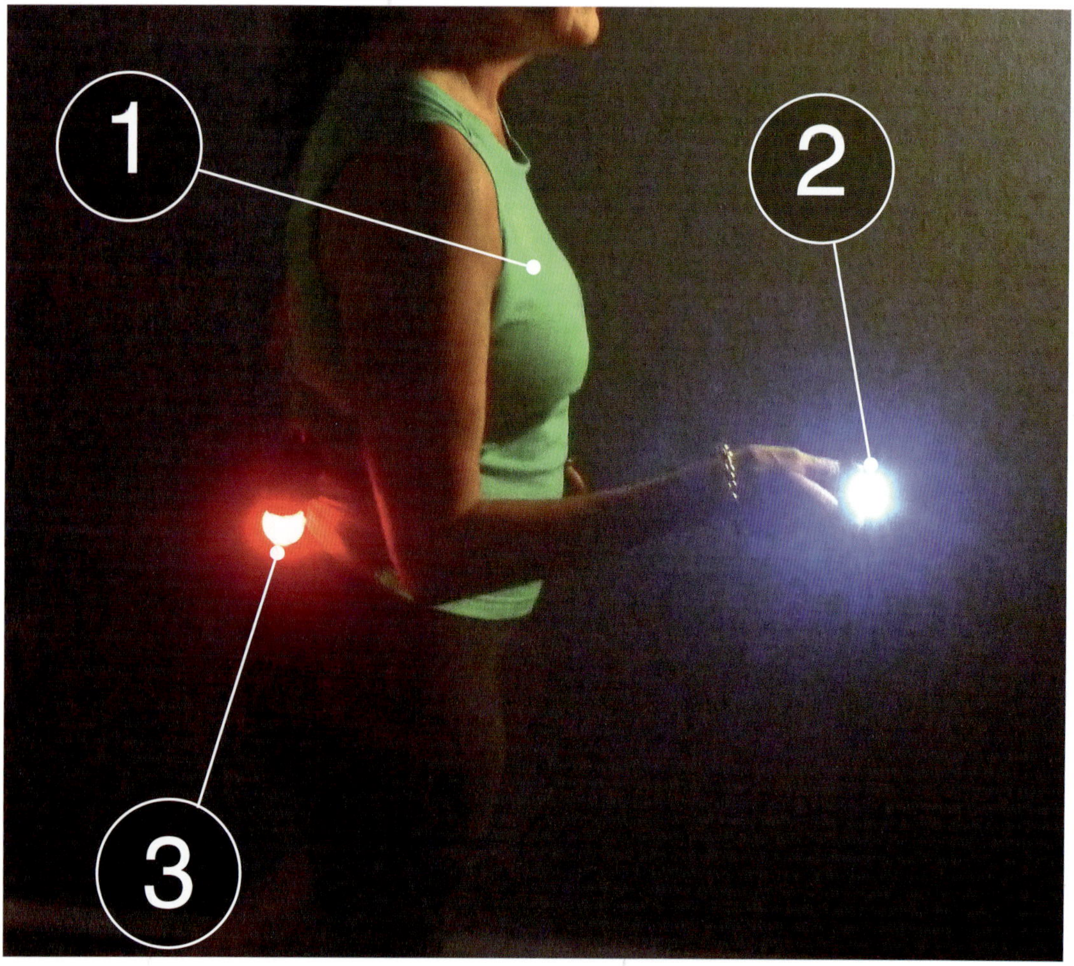


1 穿一件亮色的上衣，这样你就能被看见（当汽车的前车灯照在你身上的时候）。

2 一个小手电筒可以帮助你看清跑道的路况，或者知道你正在哪条路上。

3 在你的背后装上红色的闪光灯，这样过往车辆能很容易地看见你。

在黑暗的环境中奔跑时，主要考虑的是安全。最重要的是你穿的是什么。你需要被看见，所以一件高能见度的跑步上衣或夹克是必需的。如果你在一个光线充足的地方跑步，那么一件亮色的夹克就足够了。然而，夜幕降临的速度比你想象得更快，所以要提前考虑。如果你可能会在黑暗的环境中跑步，那就不要穿黑色的衣服。尤其是在没有街灯或人行道的地方，当你看不清的时候，路况可能会很糟糕。汽车的前车灯特别危险，因为灯光很刺眼。如果你发现自己处于这样一种困难的境地，此时白天变为黑夜，你就应该放慢速度，以保证安全，保证你可以明天白天再跑。

但是，如果你事先计划好了，就没有理由不能夜跑，你仍然可以跑得很好。除了一件亮色的夹克，你还可以选择手电筒和背后照明灯，可以装在你的夹克上或者背包上（也可以使用红色的闪光灯）。你还应该让你的移动部位可见：反光手腕带或踝带将有助于汽车司机确定你是一名跑者。这样的装扮可能使你觉得滑稽，感觉自己像是一棵被点亮的圣诞树，但更重要的是要保证安全。

为了帮助你看清你正在跑步的路况，你需要一个手电筒。你可以携带一个非常轻的、照明能力很好的手电筒（大约有两个小电池的大小），斜向下照明可以帮助你看到任何坑洞或其他潜在的危险。

如果你在黑暗的道路上奔跑，当你在跑步的时候，前方可能会有来往车辆，记住要保持你的手电筒光束指向下方。要注意，那些和你对向行驶的汽车司机可能不会和你一样有礼貌地熄灭前车灯。

- 夜跑时穿一件颜色鲜亮的夹克
- 不要穿一身黑出去跑步
- 在黑暗的道路上，你需要一个手电筒来帮助你照亮前方的道路
- 小心，不要向迎面驶来的车辆的挡风玻璃上投射明亮的光线
- 在你的衣服或背包后方装上一个红色的闪光灯
- 如果交通路况危险，不要继续跑，站在一边，让车辆驶过

# 雨天和其他天气情况

1 一件轻便的夹克会让你在比赛开始前保持温暖和干燥。一个塑料袋也能做到这一点，并且可以随时被扔进垃圾筒里。

2 下雨时无论如何你都会被淋湿，如果穿着厚重的衣服，淋湿后会让你感觉很重，所以请选择轻便的衣服。

3 在潮湿的地方尽量减小步伐，这样可以降低滑倒的风险。

**雨天**

不要担心被雨淋湿，因为你的皮肤是防水的。如果雨下得很大，那么无论你穿什么，最终都会被淋湿，所以你最好还是穿轻便的衣服。如果你穿的衣服是吸水材料的，不仅会被淋湿，还会在整个跑步过程中变得更重。为了在开始跑步前保持干燥和温暖，你可以穿一件轻便的夹克（你需要在比赛中随身带着）或者披一个可以扔掉的塑料袋。

**寒冷的天气**

市场上有一些很棒的跑步装备，可以让你保持温暖，同时从你的身体中吸收湿气，当你在寒冷的天气里出去参加训练时，你会感到很温暖。戴着手套和帽子（最好是鲜亮的颜色），你仍然可以穿着轻便的长袖上衣和短裤跑上90多分钟。然而，对于那些时长3~4个小时的慢跑，你可以穿着紧身衣和一件轻便的跑步夹克，这样可以降低你的跑步强度。

在参加比赛时，你会努力赛跑，那么你在跑步时应该注意保暖——一双手套，一件轻便的长袖上衣和短裤就足够了。如果你不确定需要穿多少衣服，也不介意在跑得越来越热时把衣服扔掉，你不妨多穿一点。你还需要考虑的一点是，你可能会很早开始排队，所以你会在寒冷中等待很长时间。如果你跑得比较慢，那么你将会在跑道上停留更长的时间，所以你可能需要更多的衣服帮你渡过难关。

**冰雪天**

如果你在冰上跑步，脚掌着地的时候需要非常小心。最好不要在冰上跑步，由于脚掌缺乏抓地力，摔倒的概率就很高。在下雪的日子里，你可以在草地上跑，只要地上的雪不太深，你就会发现草地柔软的表面并不太滑。虽然你的速度会慢很多，但你的锻炼强度会得到大大的提升，因为你的身体，尤其是你的腿，必须更努力地去适应运动。

**晴天**

在阳光下跑步，需要使用防晒霜。在比赛中你会大量出汗，并且无法重新涂抹防晒霜，所以应使用一款高防晒指数的防晒霜。最好在出发前1小时内把防晒霜涂在皮肤上，这样它就可以被吸收到皮肤里了（请根据防晒霜背后的使用说明进行涂抹）。佩戴太阳镜有很大的好处，尤其是在长时间的比赛中感到疲劳时。同样，一顶鸭舌帽也会保护你的头和脸不受阳光的照射。

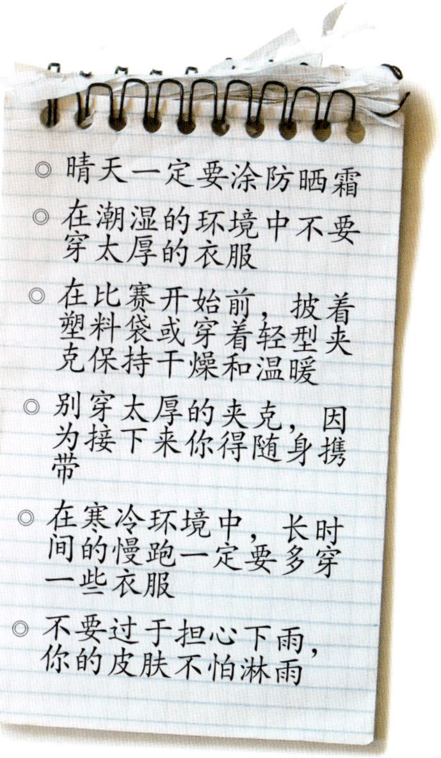

# 大型赛事

1 大型赛事会比较拥挤，这令参赛者难以在预计时间内完赛。

2 如果你不想额外多跑几步，要仔细挑选超越的时机。

3 如果打算减速或者停下，应跑到赛道的边缘以避免碰撞。

在选择比赛的目标时间时，需要现实地考虑可以达到怎样的比赛成绩。如果你打算跑出个人最好成绩，就不适合选择一个非常拥挤的比赛。例如，在英国，“大北赛”是一场精彩的半程马拉松比赛，它充满活力，参赛人数很多。但是由于比赛太拥挤了，以至于许多跑者的完赛成绩都达不到预期目标。

这并不意味着你不应该参加这些大型赛事，因为它们充满乐趣，体验也很棒。但除非你是职业运动员或名人，有明确的路线，否则你必须接受你会因为交通拥挤而减慢速度的现实。有许多小型马拉松比赛没有这个烦恼，但是这些赛事通常不提供水和运动饮料，所以你要仔细了解举办方会提供什么。

大多数10公里的赛程在你过了起跑线后就不会太拥挤了，这可能是因为参赛者从一开始就有更大的速度范围可供选择。半程或者全程马拉松比赛中的主要问题是，如果你想达到一个完赛目标（如4小时），你会发现自己和一大群参赛者一起跑步，他们都在尝试同一个目标。

如果你觉得自己经常被堵住，你需要重新做出选择。你能弥补交通堵塞错过的时间吗？你不想被反复淹没在人群中，只想独自奔跑或者只是在距离人群只有5米左右的范围以同样的速度奔跑吗？当你要超过其他跑步者时，你需要的跑步距离会远远超过必要的距离，尤其是在马拉松比赛中，你真的需要节省一些能量。通常情况下，你最好待在人群中，等待拥堵情况像往常一样消失。另外值得注意的是，如果你确实需要停下来或放慢速度，那么请确保你后面没有人，并尽量跑到宽道边缘，这样就不会有人撞到你。

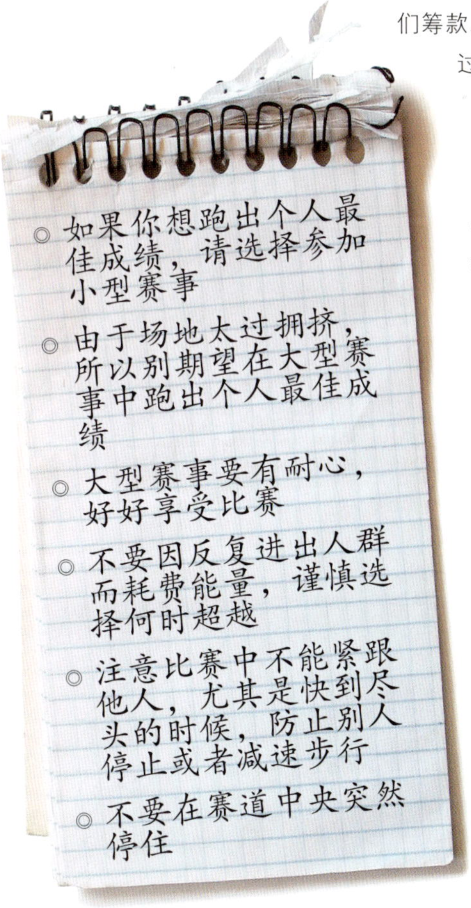


在很多大型赛事中，你很难获得参赛名额（如伦敦马拉松只有1/5的概率入场）。一个选择是通过慈善机构获得一席之地。许多大型活动在为慈善机构募集善款方面做得很好，所以请查看组织者的网站，看看有没有慈善机构在寻找参赛者。因为一般来说，他们会保证你的参赛名额来回报你为他们筹款。还有一个选择就是通过“适龄”的途径获得机会。许多大型比赛都设置了每个年龄段的完赛时间，如果你能证明在规定的时间内完成过相应的比赛，你就能获得这次参赛资格。

# 健康与训练

// 更快 // 更健康 // 更积极

# 训练模式

训练模式决定训练强度。开始训练时，明确训练原因至关重要。训练期的目标是什么？想要身体和精神达到什么状态？期待每次跑步都能使出全力是不现实的，这就是为什么训练计划要以轻运动量的训练开始，然后逐渐增加运动量。即使运动强度增大以后，也会预留几周相对较轻闲的时间让身体恢复。

可以根据以往的训练经历制订训练计划。如果已经开始赛前训练，就要提前了解身体能承受到什么程度。如果这是第一次正规训练，或者为新的比赛备战，那就要遵从制订好的训练计划，不要随意变化（参考第52页“过度训练和超负荷训练”）。

正确的训练强度会有很多积极的影响。无论是身体还是精神，不同方面的训练提高，都会使你变得更快、更有力。只要在正确的训练区间，即使是独立训练，也会达到专业训练的效果。

本章节讲述的内容主要基于对心率的监测。如果没有心率监测仪，那就用自身评测（RPE）指标。假设训练强度有1~10共10个等级，1级是很少或者毫不费力，10级是最大用力。心率除以10即为RPE指标。例如，最大心率的70%~80%近似于7~8RPE。

心率监控会自动设定正确的训练强度。通过下面这个公式，可以了解一下心率监控仪使用的计算公式。

**（220−年龄−静息心率）×训练强度的百分比+静息心率=靶心率。**

例如：30岁的运动员，静息心率是70次/分，以最大心率的70%为训练强度，计算如下：

（220−30−70）×70%+70＝154（次/分）

重要的是，请记住身体反应比心率监测仪更敏锐、更准确，如果感到不舒服或者头晕，心率即便很低，也需要遵从身体反应，降低训练强度，甚至停止训练。一定要注意，在训练前，要充分热身，预留时间使心率逐渐提升。

**耐力训练**

60%~75%的最大心率。

训练中大部分时间都是在这个强度下的。这也被称为脂肪燃烧模式、基础训练或者非强化训练。良好的运动技巧及健康的身体状况，可以完成这种长时间的阶段训练。

在这种较低强度水平下，可以完成长时间的训练，不要让身体承受太大的压力，要集中精力完善技巧。在这个模式下，长时间的训练会使身体达到理想的训练状态。从生理上讲，身体得益于一个较强的心脏，增加摄氧能力，可以更有效地利用氧气来使身体更好地发挥作用。通过不断地重复正确的跑步动作，肌肉将会记住该做什么，以及在疲劳时继续保持良好的技巧，这将会最大限度地提高速度和效率。

在这个区间训练，也会燃烧脂肪。进行较低强度训练时，身体的主要能量来源是脂肪。因此长时间地进行这种低强度训练，相当于在燃烧大量的身体脂肪。

这对大多数人而言是个好消息，可以很直观地看到体脂率降低，也能体会到更好的运动状态。在这个区间坚持训练一段时间后，你就会发现，以同样的心率跑步，可以跑得更远。有些人可以很快注意到这种进步，并且激励他们继续训练。

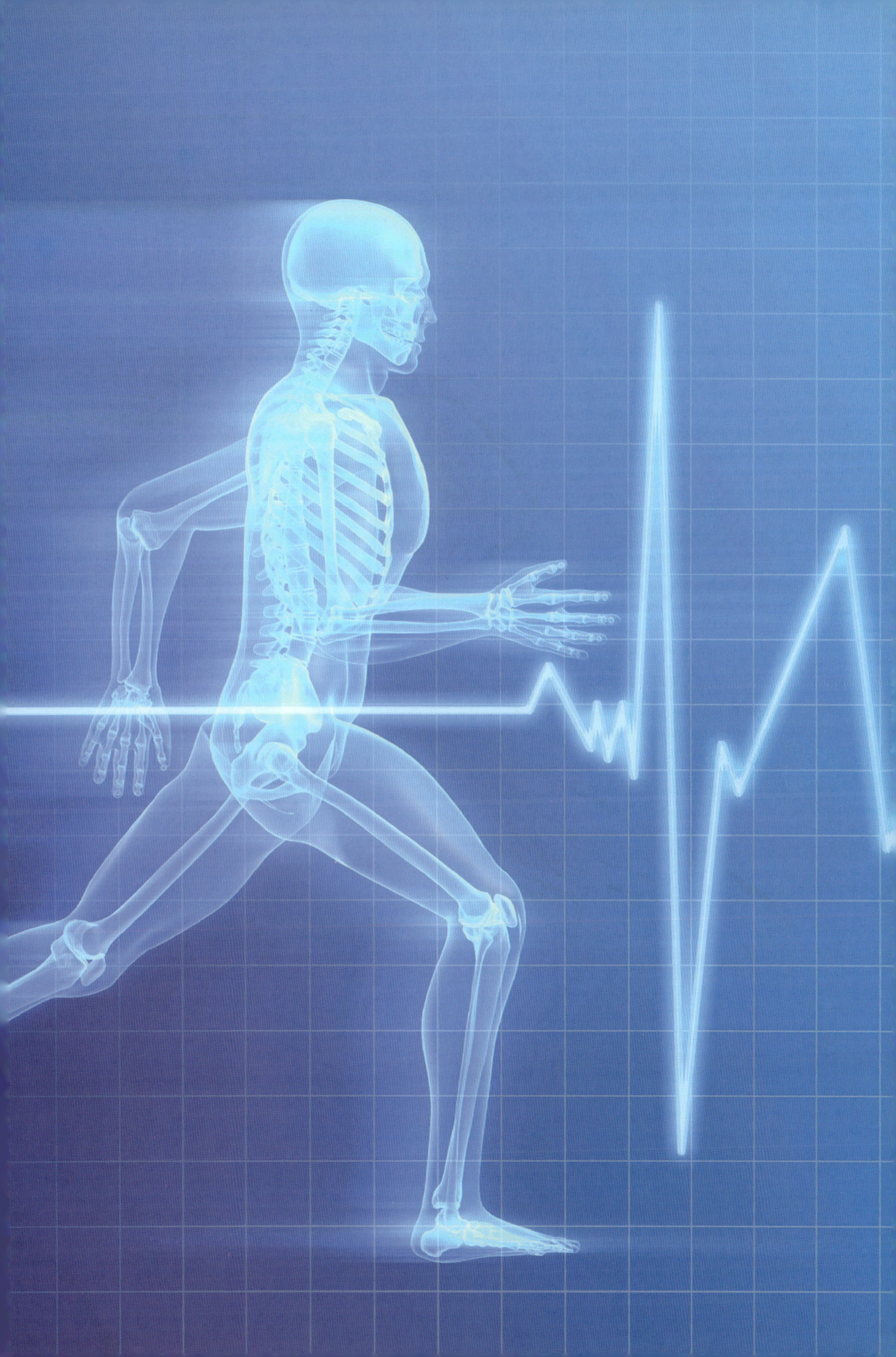

**无氧/乳酸阈值训练**

80%~90%的最大心率。

以80%~90%的最大心率训练只是一个指导方针。确定乳酸阈值的唯一方法是在实验室进行测试，但很多人没有机会进行这个测试，因为测试很贵，而且需要采血。

最好的替代方法是自己做一次计时测试。规定一个在30分钟内很难跑完的距离，然后计算这段时间的平均心率。如果在测试期间，出现肌肉疲劳而不能继续，或者肌肉发热、身体不能承受要停下，记录这时的心率，这时反映的就是你乳酸阈值时的心率。

为什么身体会有这种反应？为什么乳酸阈值很重要？毋庸置疑的是，这种强度训练的主要能量来源是糖原（糖原储存在肌肉中），消耗糖原带来的副产物是乳酸。一旦乳酸累积到一定水平，运动能力就会大幅下降。因此，正确的训练会提高乳酸阈值，使身体可以更有效地释放乳酸。

尽管乳酸阈值训练量没有耐力训练多，但是乳酸阈值训练可以大幅提高运动状态，可以使身体在较低的心率下完成更快、更远距离的跑步。在低心率状态下，产生的乳酸较少，可以使肌肉减少疲劳感，获得惊人的训练成效。

**警戒区训练**

90%~100%的最大心率。

耐力运动员很少使用这个模式。这主要适用于速度及间歇训练。即使你身体非常健壮，也只能持续很短的时间。需要注意的是，心率可能会因为其他因素增快，因此需要相应地调整训练模式。脱水、身体发热和训练场地海拔增高均可导致心率增快7%~10%。

# 过度训练和超负荷训练

疲劳感是很有必要的，因为它会让你知道身体的极限。通过训练来提高运动能力的同时，身体也会对此做出积极的反应。然而，在某些情况下，过度或不正确地刺激身体，也会带来不良影响。

## 疲劳程度

1. 第一级疲劳是低血糖——血糖水平偏低。身体耗尽了糖原储备，又没有摄入足够的碳水化合物，并且仍然继续跑步时就会发生低血糖。
2. 训练后的疲劳感是几小时剧烈运动的自然反应，这说明身体已经临近正常的训练极限。
3. 身体超负荷状态是身体更加疲劳的表现，是高负荷训练后出现的短期体能下降，这种疲劳的症状是最常见的。同时，这也是身体发出的一个警告。足够的恢复时间会让运动速度变得更快，身体变得更强。
4. 过度训练会让人感到衰弱及长期感到疲劳（通常持续数周，有时甚至几个月），会使运动表现明显下降。

过度训练和超负荷训练会导致一些不可避免的后果。首先，如果训练强度过大或时间过久等，免疫系统功能会下降，会更容易生病。在备赛阶段，感冒会使运动状态下降很多。顶级耐力运动的运动员需要在非常长的一段时间避免生病。

除此之外，另一个潜在的问题是过度使用肌肉，不管在健身房或是跑道上，重复同样的动作，都会导致各种人们熟知的身体损伤，对于跑者最常见的是小腿和膝关节的损伤。

心理疲劳是另一个关键问题。如果不停地对自己施加压力，强迫自己继续训练，最终有可能导致厌恶心理。针对每一次训练设置不同的目标，会有助于从心理上做好训练准备。

## 如何预防过度训练

过度训练最常见的原因：训练负荷过大、恢复周期不足、饮食不良（碳水化合物或其他营养元素的量摄入不足）、出行因素和训练中缺乏多样性。

如何预防过度训练呢？要在长期（中周期）和短期（微周期）内维持训练和恢复二者之间的平衡。这意味着，在几周的剧烈训练后，一段时间（通常是1周）内应该降低强度，并且应该增加休息的天数。休息的目的是为了完全恢复体能。

大多数的训练项目包括每周1~2个休息日，以及1天或2天的轻松跑，以让身体恢复体能。没有数量或强度变化的单调的训练，会严重增加过度训练的风险。解决的关键在于规划个人的训练计划：偶尔超负荷训练，但又不会过度训练。你最大的挑战是找到属于自己的训练界限。

# 精神力量

据说运动方面的成功取决于90%的体能和技巧（生理、生物力学等），还有10%的精神力量。虽然精神力量只占10%，但它却非常重要，可以在很大程度上帮助你提高运动表现并从运动中获得更多乐趣。以前，精神力量不被重视，直到最近才被广泛作为每个运动员的核心素质。

在训练期间（那些寒冷冬天的早晨）和比赛当天，增加精神力量有助于提高运动表现和自信心。同时，也可以让你在抗压状态下表现良好，包括排除任何情绪上的干扰。如果你在训练过程中忽略这一部分，那就很危险了。如果你还没有为赛事做好心理准备，就会严重影响你的训练。

为什么不在进行身体训练的同时加强精神上的锻炼呢？

那么，如何衡量“精神力量”？显然，这很难做到，而且十分主观。但是通过回答几个关键的问题可以评估精神力量的等级（5分制量表的评估如下）。

**在下面的方框内填入分值（1~5）。**

☐ 目前的自信水平是多少？

☐ 比赛之前做了多少心理准备？

☐ 在艰苦的训练或比赛中学到了多少新的东西，或者巩固了哪些旧的内容？

☐ 训练和比赛中是不是一直在努力超越自己？

☐ 训练和比赛中有多专注？

☐ 比赛前有多放松？

☐ 事情进展没有达到原计划时，会原谅自己吗？

☐ 对消极情绪的控制如何？

☐ 享受的训练和比赛的程度如何？

☐ 享受比赛竞争乐趣的程度如何？

注意≤3分的问题，这些就是改善心理健康方面可能需要关注的地方。后文将会详细介绍这些内容，包括提供一些改进的建议。

心理和身体的联系非常紧密是一个无可争议的事实，情绪无疑会影响表现水平。保持身心协调可以促进表现水平提高的可能性，保持积极的心态很快就能带来好的结果。

那么我们在精神上要如何准备训练和比赛呢？已经有很多文章讲述了在运动中去设定目标，并且证明这是有效的！制定目标主要是为了增加自信心和动力，从而有助于提高运动表现。大多数人都擅长制定目标，但是很遗憾，我们中只有很少人能够实现目标，只需要对比新年计划就能看出来了。那么，这是为什么呢？部分原因是许多人并没有把重点放在他们的目标上，而是倾向于选择他们认为应该做的事情，而不是他们想做的事情，或者是激励他们的事情。此外，他们往往没有具体化的操作来实现目标，这导致他们缺乏关注点和努力的方向，最终也就不了了之。

许多跑者会想到“SMART”目标制定法。“SMART”表示具体的、可测量的、可实现的、相关联的和有时间限制的。这

是一种被沿用很多年，用来确保个人目标符合目的的方法。但是笔者更倾向于将其扩展为“SCCAMP”，具体内容如下。

- **明确性**（specific）。明确了解目标是相当重要的，任何含糊不清都可能使焦点丢失。
- **可控性**（controllable）。目标应该在你的可控范围内；任何严重依赖外部环境的目标都可能导致失败。
- **挑战性**（challenging）。设定可以轻松实现的目标是毫无意义的，增加目标的难度十分有必要。
- **可行性**（achievable）。设定一个遥不可及的目标，如在1小时内跑完一场马拉松，这样的目标是毫无意义的。此外，没有时间限制的可行性目标可能会使人失去动力。
- **衡量性**（measureable）。如果一个目标无法被评估衡量，你怎么样才能知道是否已经实现?
- **个体性**（personal）。目标越具有价值，你就越想去实现它（如证明批判者的错误！）。塞巴斯蒂安·科（Seb Coe）爵士曾经说过：“我18岁的时候，有人说我太小了，不可能成为一个800米赛跑的优秀运动员。我更喜欢证明他们的观点彻底错了。”

在规划目标时，考虑目标的类型（分为结果型目标和操作型目标）也是比较重要的，这可以促进你实现最终的目标。例如，结果型目标就像是说：“我想在我下一次的10公里比赛中进入前50名。”不幸的是，你可能无法控制这样的结果，因为这可能会受到许多外部不可控因素的影响，如果不能实现这个目标，你有可能会失去前进的动力。更好的方法是设定操作型目标，即确实可以被你控制结果的目标。例如：“我想在整个过程中放松下来，保持专注，最后比较好地完成比赛。”

把目标写下来并且经常拿出来看看也是非常重要的，这可以将身体上正在做的活动和心理上的最终目标建立起一致的联系。此外，制定目标会让你在潜意识中关注能够促进目标实现的事物。

目标的特异性是由你选择目标的视角而决定的，一个好的建议是制定多层次的目标。例如，在30天前设定2~3个目标，在6个月后再设定2~3个，甚至在12个月后可以进行第3次设定。随着时间的推移和视角的变化，每次的目标也变得越来越具体化，执行过程中运用的策略也在持续改进。最后需要说的是，应该把这个原则运用到训练和比赛中。

自信心是指一个人对自己个人能力和品质的赞美。动机（激化、维持、收获）和自信心是心理健康的两个最重要的组成部分。这两个方面对心理健康的影响比其他任何因素都大，只有特别注意这两个方面，才能取得显著的体能改进。

那么什么是动机呢？动机实际上是一种个人特质，可以简单理解为一种满足需求的动力。动机主要有两种类型——避免失败的动机和获得成功的动机。例如，足球的点球大战，有些球员的动机是想要获得点球的得分，而另一些球员的动机是不希望错失点球。动机很重要，它能够激励并指导我们的行为，以及驱使我们去做一些事情。

当然，每个人都有可能有一段时间的动机不足，尤其是在竞技比赛的长时间训练期间，意识到自己很有可能会动机不足是非常重要的。那么你能做什么呢？可以尝试以下几点建议。

- 注意睡眠质量。增加睡眠时间可以提高身体表现，并有助于恢复体力。体能训练会对身心造成一定损伤，这些都需要适当恢复。
- 交叉训练有助于缓解枯燥和疲劳。休息几日和低强度训练几日还有助于保持健康的精神状态。
- 听音乐放松和恢复体力。也可以观看体育录像激励自己并学习技巧。
- 可以通过冥想来提高专注力。
- 重新审视目标。多问自己几个“为什么”，这样你就能发现内在价值。

保持积极的心态也有助于维持健康的动机水平，尤其是在艰苦的训练或比赛中。你心中的想法会影响你，因此心中保留更多积极的想法必定会比拥有消极的想法好！但是头脑很难排除消极意识，例如让你不要去想蓝色，你反而会更容易想到蓝色。

运用想象保持积极心态，尤其是在跑步比赛中。可以尝试下面的一些方法。

- 在赛前，想象自己是放松、积极和充满自信的。
- 运用所有的感官来想象一天的全貌。想象有时被称为“可视化”，但这个词只运用了一种感官功能，因此笔者更喜欢“意象”这个词，它可以发挥所有感官能力。“看”其他选手排成一排，“听”观众席上人声鼎沸，“感受”清风拂过脸颊等。
- 想象你在比赛中充满力量和自信地奔跑，超越其他跑者，一切都在掌控之中，你感到非常高兴。
- 如果在赛道上出现了一些陡峭的山坡，试想自己努力往前推进，享受力量爆发如同自己平稳地在平地向前移动，这是非常重要的。有时候我们的意识无法区分想象和真实，所以如果你已经“跑”过了陡坡，你就知道将会发生什么，因为至少在你的头脑中已然经历过了这些，这被称为“未来记忆”。
- 想象在最后的阶段，你卖力地奔跑，并且充满自信，想象即将到达终点，最后取得了好成绩。然后给自己设定另一个“未来记忆”：有人在比赛结束时给你递来一瓶冷饮（或者像往常一样的其他任何奖励）！
- 赛前多想象几次赛事，以为比赛做好充足的准备。
- 有的人可能在想象的过程中会想到一些小的问题，也许是天气变化、赛道上出现狗，或者其他情况等。在想象过程中，他们已经“经历”过这些突发状况，因此可以提前做好准备。

以日记的形式把训练记录下来是个不错的主意，这样可以把注意力集中在你最感兴趣的事情上。当你真正专注于这个训练模式，个人最佳训练成绩会比预期更容易达到。经常去思考这些，尤其是在睡觉之前，当你的大脑受到暗示时，将会形成积极的想法，同时也有助于维持高动机的状态。

到了比赛当天，你可以利用哪些事物来充分体现那些艰苦的体能训练带来的效果并享受赛事呢？你可以尝试下面的这些方法。

- 最后看看自己写的日记，提醒自己曾经那些出色的训练课程或比赛片段，让自己感觉轻松、自信，积极向上。
- 在脑海中重放“比赛场景”，“记住”自己跑得多棒。
- 不要太贪心，特别是针对长距离的比赛。笔者的意思是，把比赛分成多个可以控

制的部分，在每一部分都要集中精力。比方说，在10公里的比赛中，只关注前2公里，维持一定的节奏，放松呼吸等。然后专注于接下来的2公里，注意力集中在比赛前计划好的速度和跑步技巧上。然后是再后面的2公里，如此往复。这是一种有效的技巧。

- 运用触发性词语来保持专注。就像我们了解的那样，在比赛中很容易注意力分散，所以选择几个关键的词或短语，如“向前冲”或“放松、加油、控制好”等，在比赛中自己重复这些词或短语，可以很好地帮助你集中注意力。
- 如果你临近一个陡峭的山丘，试着直视地面。这样做，就不会感觉山丘很陡峭（虽然只是心理上这样想而已），然后就像在平地上跑步一样，这样就会变得更容易。当然，你应该确保前面没有任何障碍物，这样你就可以专心致志地跑步，安全问题还是首要的。
- 不要因为无法按计划完成某些事感到自责，既然已经发生了，就要从中吸取教训，然后继续前进。另外，也不能让消极情绪持续下去，应该摒弃它，重新找回积极的心态。在比赛过程中专注于自己能够控制的事情是非常重要的，如果你过多地关注无法控制的事情，会浪费很多精力，可能无法把注意力放在可以控制的事情上。

赛后，进行“三加三检验法”是个好主意，重点关注在三个做得比较好的方面，以及三个没有按计划进行的方面。通过这种方法，你可以保持积极的态度，从成功的地方中汲取动力，同时不让自己变得自满，并能从中获益。

所以，在花点时间来促进精神的健康后，再回到问卷开始的地方，重新计算你的分数。你会看到很多地方有了明显的进步，这意味着你的跑步水平正在进步，而你的竞争对手可能正好缺乏这些！

662

# 常见的跑步损伤

当然，因为重复训练的缘故会存在许多不同的损伤。你可以遵循本书的建议来降低运动风险：只需逐渐增加跑步的时间，每次跑步后拉伸，并确保在早期的训练阶段做到力量训练和交叉训练并重。当然，你也可以咨询专业人员关于损伤方面的医疗建议。

### 跑步膝

跑者最常见的膝关节损伤是膝关节外侧疼痛。造成这种情况的原因是跑步时髋关节不稳导致的髂胫束（ITB）紧张。髂胫束是沿大腿外侧延伸到膝关节外侧的粗纤维束，这条紧绷的纤维束在膝关节外侧反复摩擦，从而引起炎症反应。为了防止这种情况的发生，每次跑步后一定要做髂胫束的拉伸，并通过练习来强化臀肌。强壮的臀肌有助于使骨盆在跑步时保持稳定，并防止髂胫束摩擦而引起发炎。短期的治疗和缓解通常是通过一次物理治疗来按摩髂胫束，也可以使用泡沫滚轴来按摩肌肉。

### 足底筋膜炎

足底筋膜是从足后跟到脚趾的结缔组织。足底筋膜炎的常见症状是脚底疼痛，在早期阶段，早上起来就会觉得疼痛，主要是因为它在晚上睡觉的时候收紧了。足底筋膜炎通常是由于小腿肌肉紧张，或者是跑鞋不合适，导致过度外翻造成的。为了防止这种情况的发生，需要经常拉伸小腿肌肉，特别是在训练之后；还要去请专家评估跑鞋和跑步步态。治疗时，你必须一直休息到疼痛消失——可使用冰块或冷压法来减轻炎症，还需要拉伸足底筋膜。

### 跟腱炎

跟腱连接小腿肌肉和跟骨，它可以在跑步的时候提供力量让脚掌离开地面。急性发病（在短短几天内发生）会感觉踝关节后部疼痛，起病需要几天时间，通常是在开始锻炼时感到疼痛。慢性发病（疼痛需要更长时间才能发作）可能需要几个月的时间才会发作，你会感觉在整个运动过程中持续疼痛。慢性跟腱炎可表现为上下楼梯时踝关节后部特别疼痛。这种损伤通常是由跑者突然增加跑步时间、跑步距离或者爬坡引起的；也可能是小腿肌肉无力或紧绷、足过度外翻和身体恢复时间较短引起的。为了防止受伤，可采取逐渐增加跑步的运动量，穿着合适的鞋，强化小腿肌肉和增加腿部灵活性等措施。治疗损伤需要休息和冷敷。

### 胫骨应力综合征

很多跑步运动员会有这样的经历：刚开始跑步的时候会感到小腿前侧疼痛，但是跑一段之后，疼痛又会消失。真正的胫骨应力综合征发生于胫骨前内侧，由许多原因造成，如前脚掌先着地的跑步姿势（参考第30、31页）、落地脚步过重、不合适的鞋子，以及下坡跑步（参考第38、39页）。胫骨应力综合征的主要症状是胫骨内侧疼痛，沿胫骨部位有肿胀和肿块，锻炼的时候疼痛消退，但第二天会变得更加严重。治疗胫骨应力综合征的方法就是让脚休息，并在疼痛部位放冰袋（使用专用冰袋，它们可以根据腿的形状塑形）。如果损伤持续存在，可以请物理治疗师帮你在跑鞋或小腿和胫骨上增加减震器。此外，应在训练前充分做好热身。

# 拉伸

拉伸在预防损伤和提高整体运动成绩中至关重要，但许多人往往不重视拉伸，认为它是“柔韧”部分的训练项目。在训练中，拉伸与大负重训练或者高强度训练一样重要。不要因为想投入更多的时间去努力练习，而不进行拉伸训练，这是极大的错误。

在常规训练后，有些肌肉会缩短。为了维持整个身体肌肉的平衡，不可跳过有助于维持肌肉形态的拉伸训练。拉伸活动不仅在开始训练之前起着重要作用，在训练结束后也要进行拉伸。

虽然在一次艰苦的训练或比赛之后，坚持拉伸是很难做到的，但是运动员还是应在一次繁重的训练之后花比训练前更长的时间来做拉伸。通常，最好是在锻炼结束做拉伸，拉伸刚刚锻炼过的肌肉，每次至少1分钟。这有助于预防疼痛和损伤，也可预防训练或比赛中身体肌肉的短缩和肌肉的不平衡。

例如，你做了一组深蹲拉伸股四头肌、腘绳肌、臀肌、小腿肌和腰背部肌肉，这些只是基础的拉伸。当运动强度增大时，最好利用休息日做更深层次和更长时间的拉伸。许多人不重视拉伸训练，认为休息一天就是什么都不做。但是我们应该养成拉伸的好习惯，拉伸努力训练了1周的肌肉。在训练间歇也可以适当进行拉伸。

更深层次的拉伸可以提高身体的柔韧性和平衡，推荐参加瑜伽或拉伸课程来进行深度拉伸。拉伸对运动状态有很大影响，要认真对待，不要认为这是无所谓的事情，这是严格训练中的一部分。

比赛或训练前，压力会增加，所以在拉伸之前，要注意呼吸。通过鼻子做几次深呼吸，或者做一组深呼吸（腹式呼吸）。在运动中，尤其是在高水平的运动中，小细节会产生重大的影响。这就是为什么即使只缓解一点点压力也可以促进能量的释放，即使只是几秒钟也有助于保持专注和放松。

在接下来的几页中，是一些主要的拉伸动作。可以在训练或比赛前后使用，但也不要忽视在休息日进行拉伸。还有，虽然可以针对训练的肌肉做拉伸，但是不能只拉伸它们，要拉伸尽可能多的肌肉来保持整体平衡。

# 拉伸——臀肌

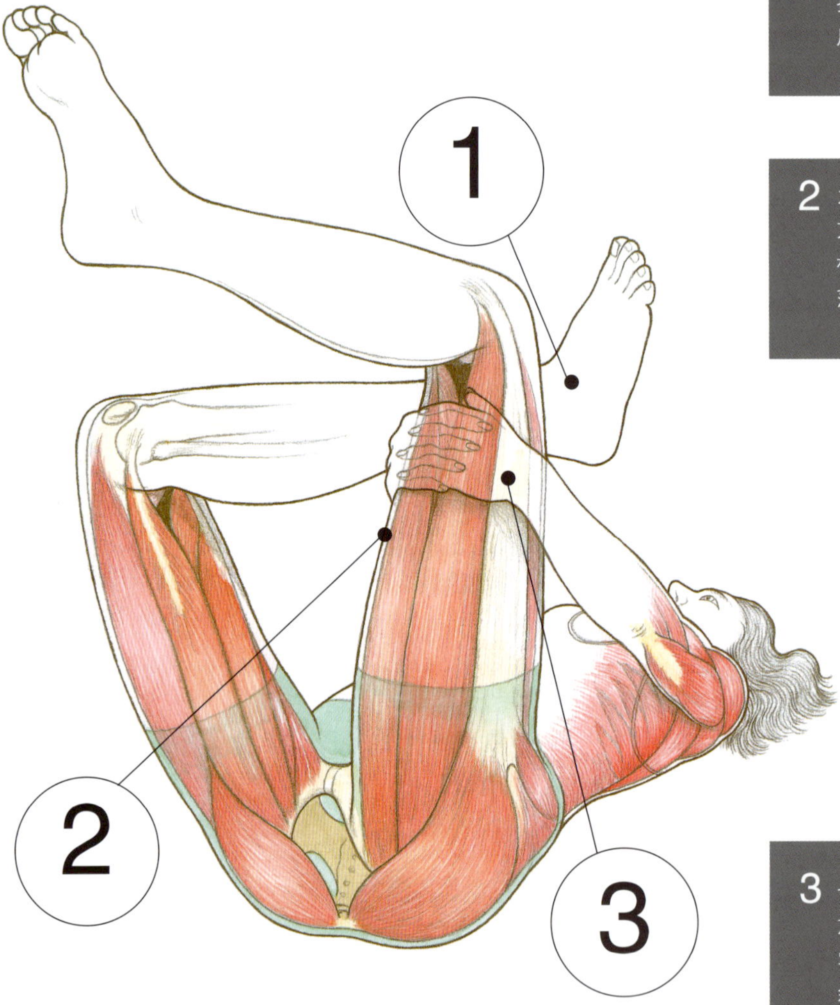


1 平卧，把一侧脚踝放在另一侧膝关节上，两条腿形成直角。把手从空隙中伸入，握住大腿后侧。

2 为了增加拉伸效果，往身体方向拉动腿，利用手肘的杠杆作用对抗大腿使膝关节回落的力量。

3 也可以站着进行。一侧脚踝放在另一侧膝关节上，抓住牢固的物体，身体向后倾斜，就像坐着一样。

**拉伸的肌肉：** 臀肌。

# 拉伸——坐姿扭转

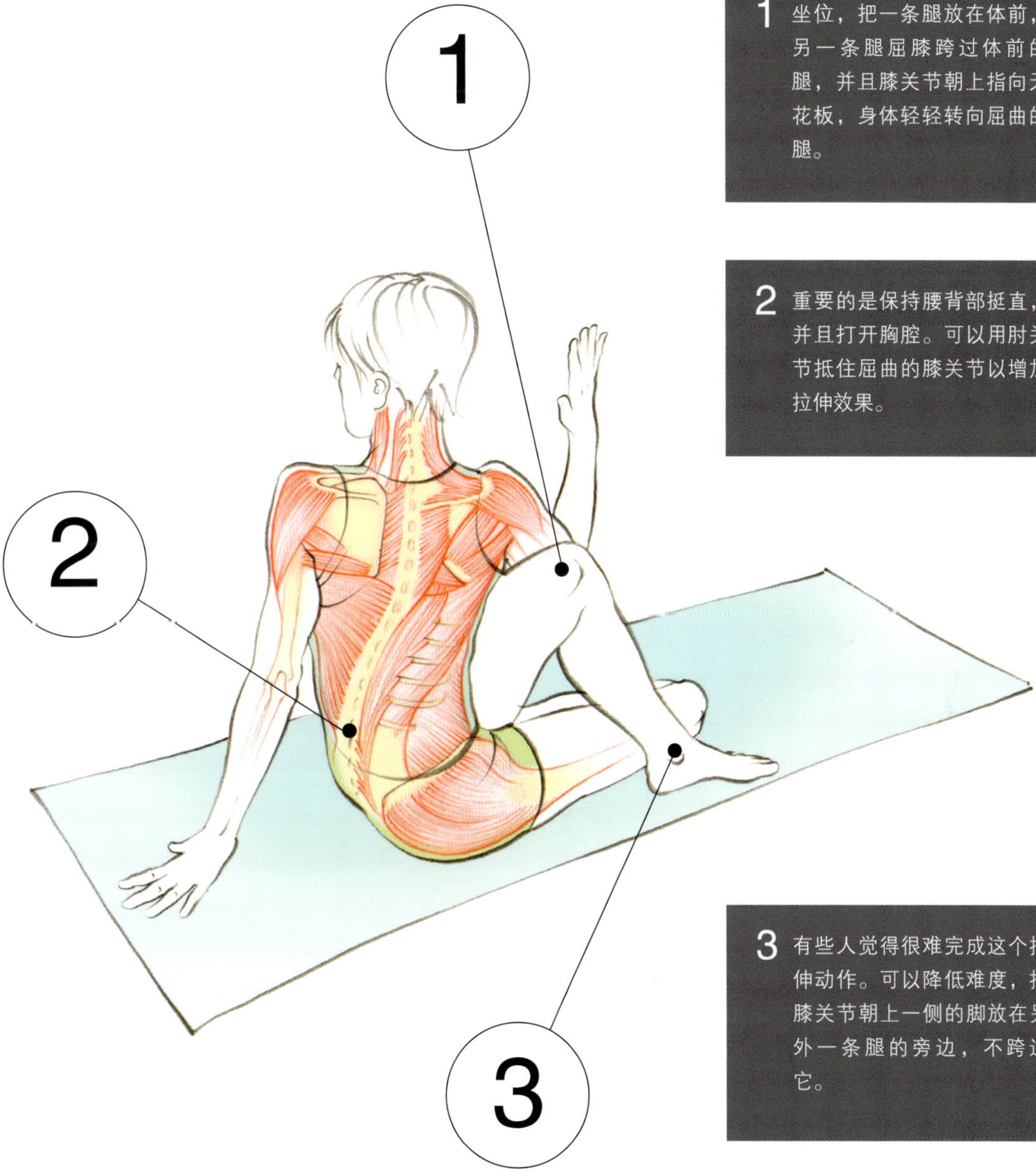


1 坐位，把一条腿放在体前，另一条腿屈膝跨过体前的腿，并且膝关节朝上指向天花板，身体轻轻转向屈曲的腿。

2 重要的是保持腰背部挺直，并且打开胸腔。可以用肘关节抵住屈曲的膝关节以增加拉伸效果。

3 有些人觉得很难完成这个拉伸动作。可以降低难度，把膝关节朝上一侧的脚放在另外一条腿的旁边，不跨过它。

**拉伸的肌肉：** 肩关节和背部肌肉。

# 拉伸——腰背部

1 平卧，一侧膝关节屈曲，另一条腿伸直。用对侧的手臂轻轻将膝关节拉向身体，向侧方拉伸。

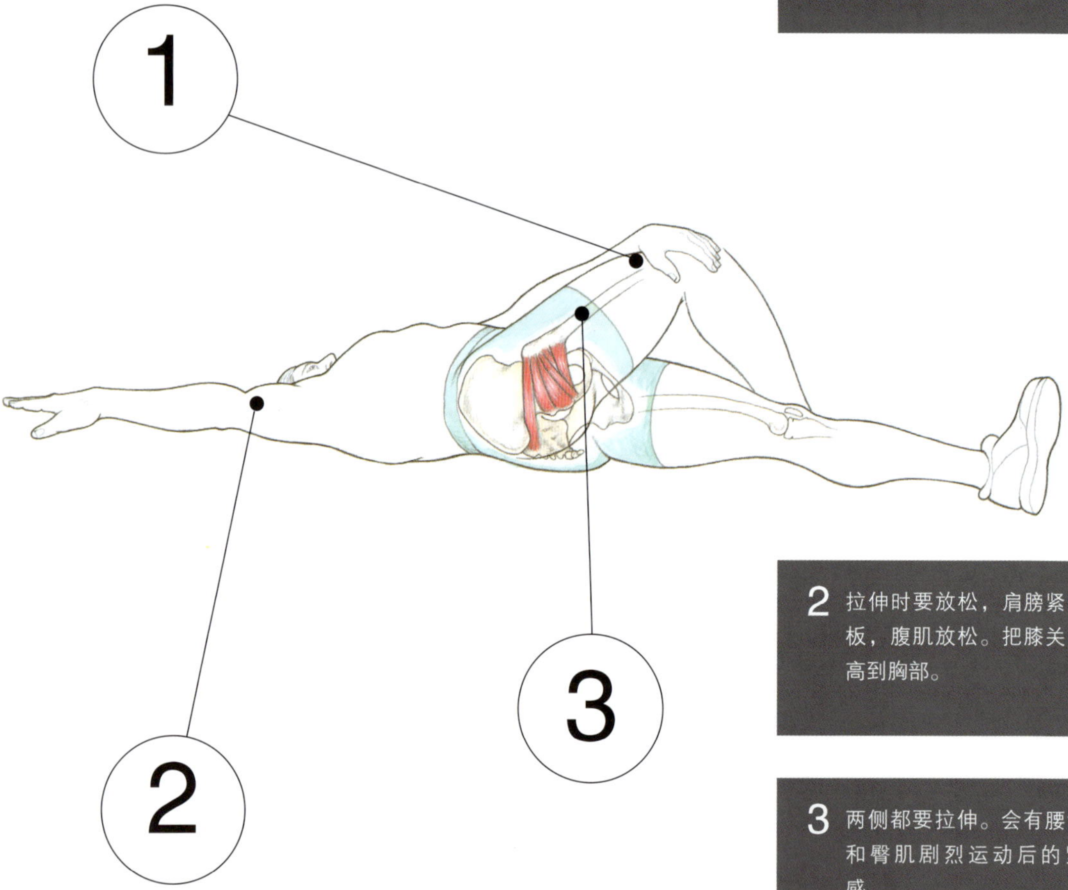


2 拉伸时要放松，肩膀紧贴地板，腹肌放松。把膝关节抬高到胸部。

3 两侧都要拉伸。会有腰背部和臀肌剧烈运动后的紧张感。

**拉伸的肌肉：** 腰背部肌肉和臀肌。

# 拉伸——腘绳肌

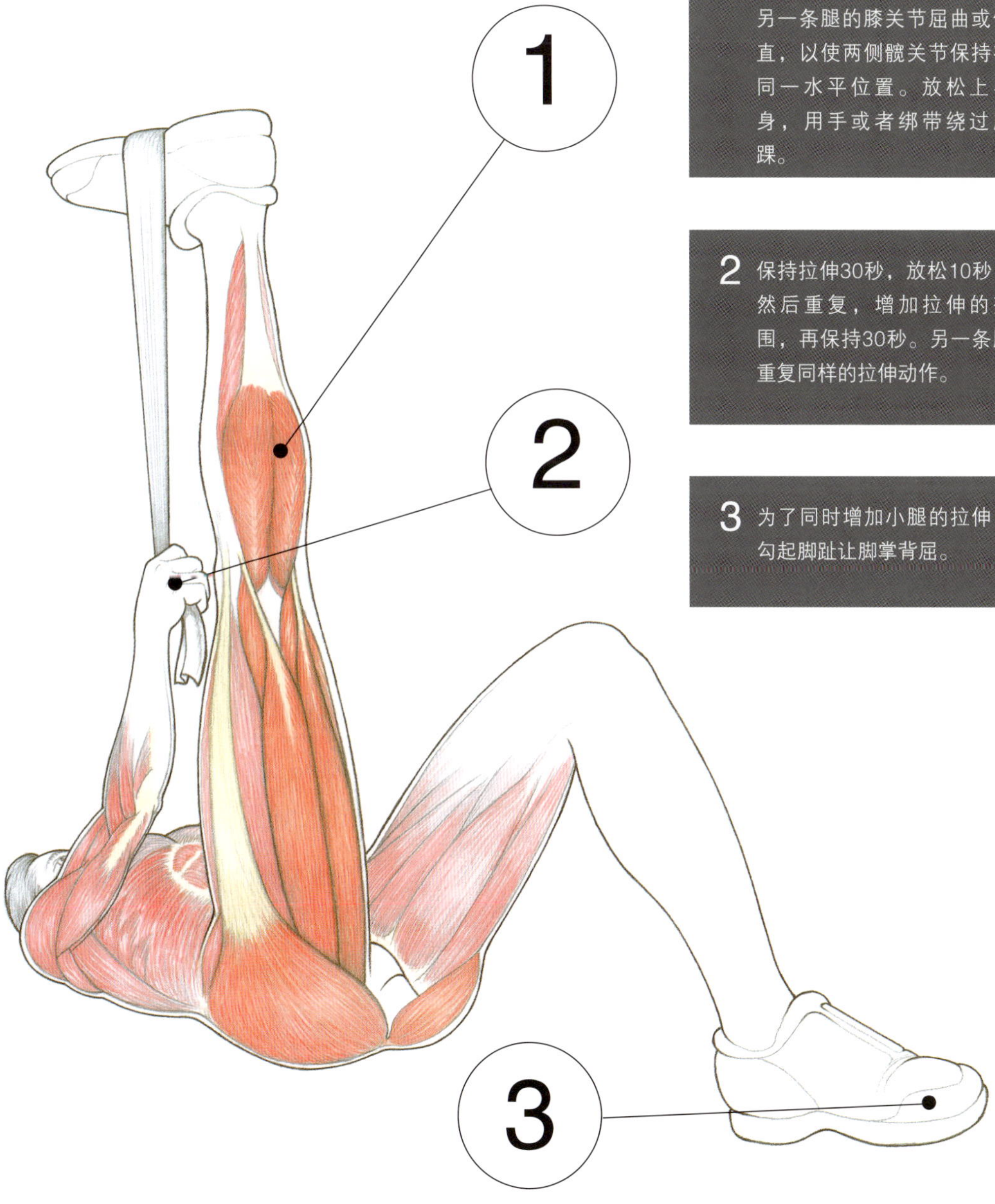


1 平卧，伸直并抬起一条腿，另一条腿的膝关节屈曲或伸直，以使两侧髋关节保持在同一水平位置。放松上半身，用手或者绑带绕过脚踝。

2 保持拉伸30秒，放松10秒，然后重复，增加拉伸的范围，再保持30秒。另一条腿重复同样的拉伸动作。

3 为了同时增加小腿的拉伸，勾起脚趾让脚掌背屈。

**拉伸的肌肉：** 腘绳肌和小腿肌肉。

# 拉伸——髋屈肌

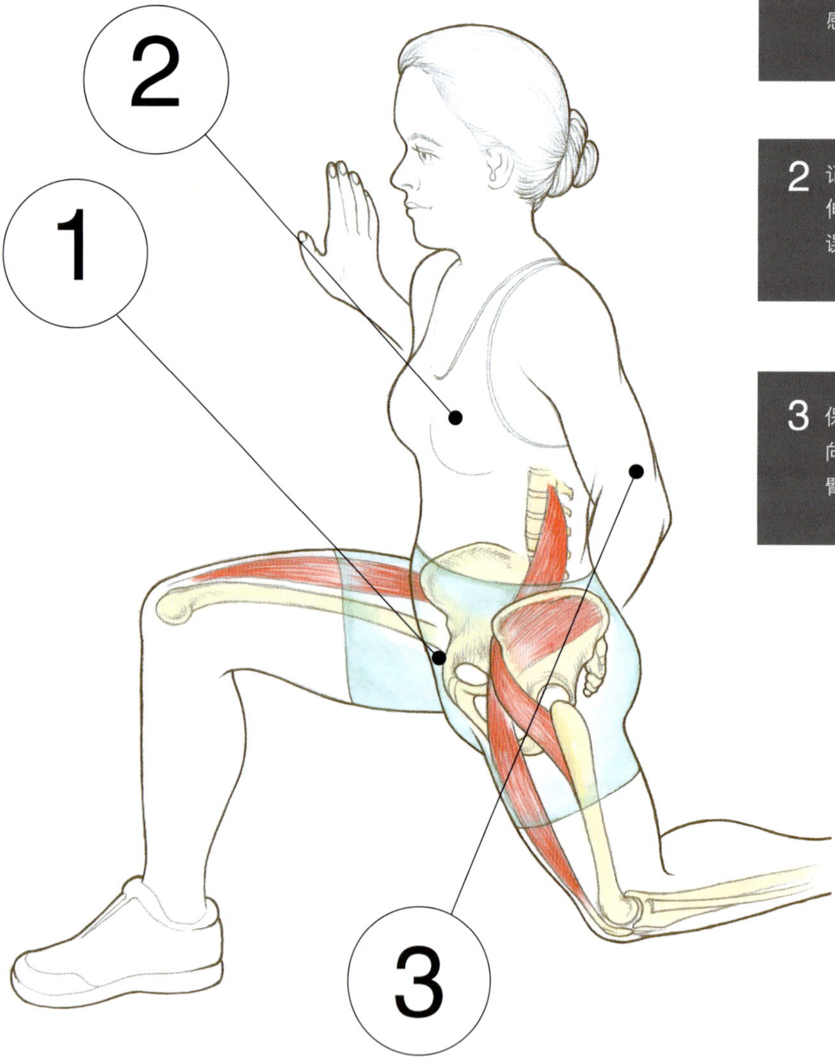


1 单腿跪姿，双膝关节屈曲成直角。压低骨盆，低于前腿的位置，大腿上部会有拉伸感。

2 记住保持身体抬起，充分拉伸。身体前倾是常见的错误。

3 保持姿势，用后腿侧的手臂向上伸展，然后身体转离手臂方向，看向后脚。

**拉伸的肌肉：** 髋屈肌和髂胫束。

# 拉伸——股四头肌

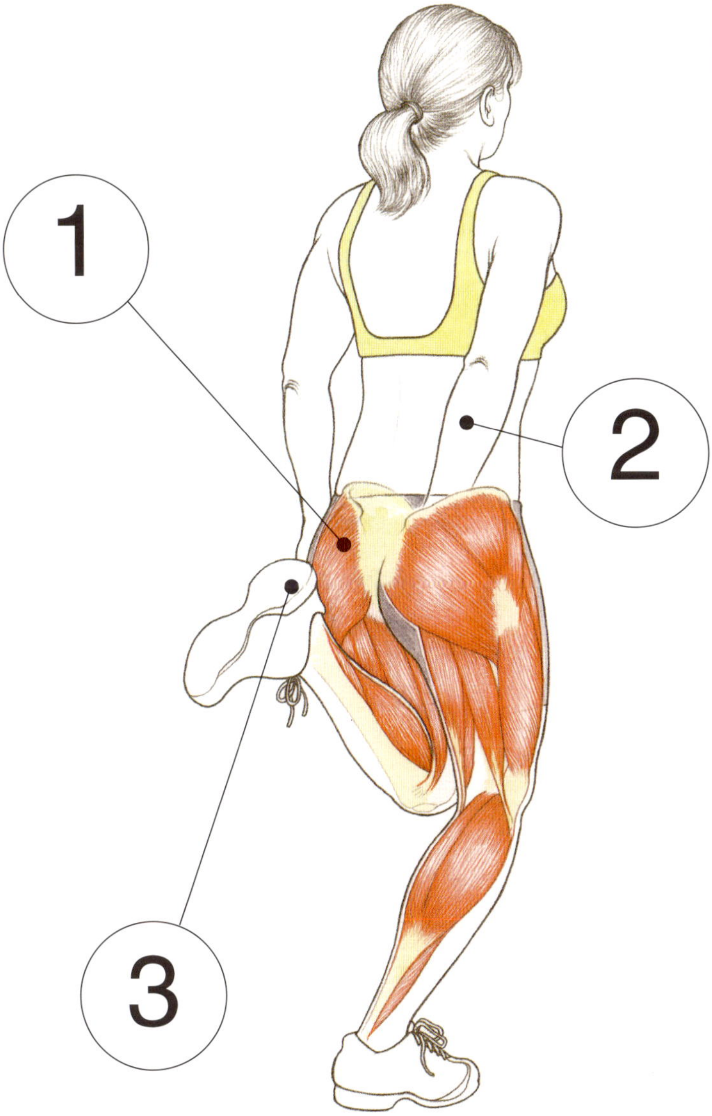


1 站直，抓住脚的前面（鞋带处）把脚跟轻轻拉向臀部，直到股四头肌有牵拉感。髋关节前倾可以加深拉伸。

2 如果平衡感不好，可以用另一只手扶住牢固的物体。在比赛和训练之前，每条腿坚持10~20秒，一次一条腿。

3 做动态拉伸，一旦股四头肌有发热感，在不用手的情况下，让脚跟向后踢10~15次。

**拉伸的肌肉：** 股四头肌和髋屈肌。

# 拉伸——小腿肌

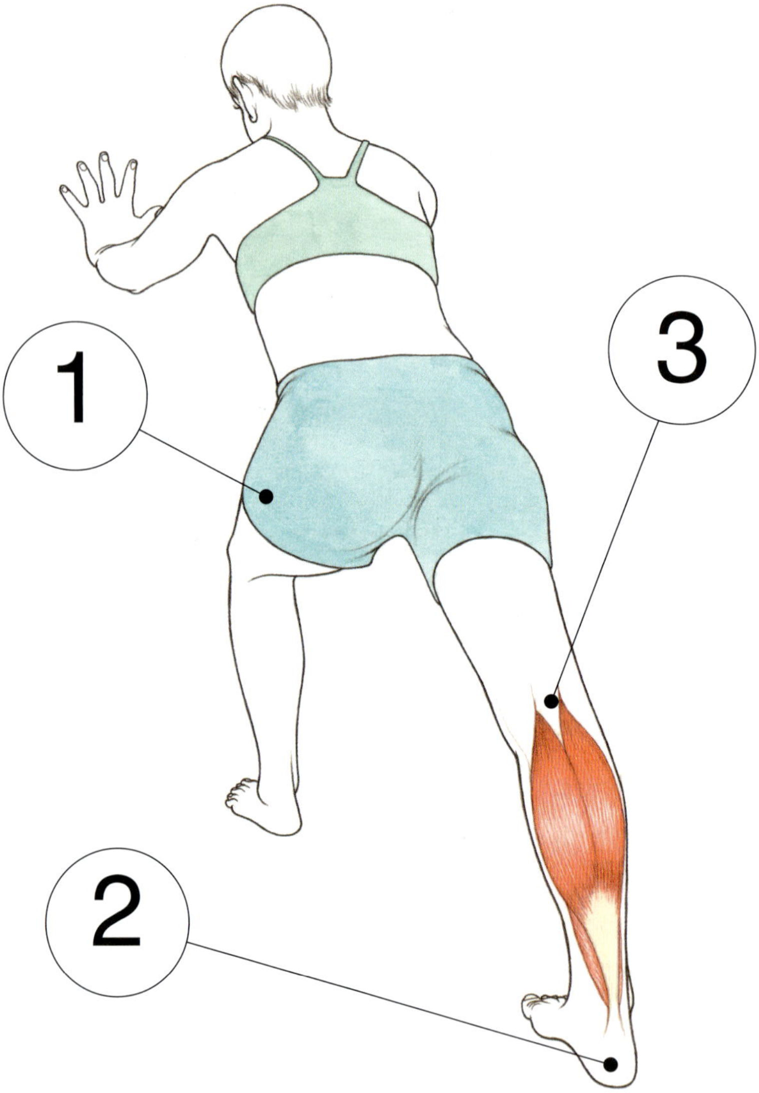


1 双手推墙，前腿弯曲，后腿向后伸直。把脚跟踩到地上。

2 正确拉伸是确保身体的重量向前压，延长后腿的脚跟。

3 为了锻炼小腿部稍短的肌肉，后腿可以轻度屈膝，同时脚跟向下踩地。

**拉伸的肌肉：** 小腿肌。

# 拉伸——婴儿式放松

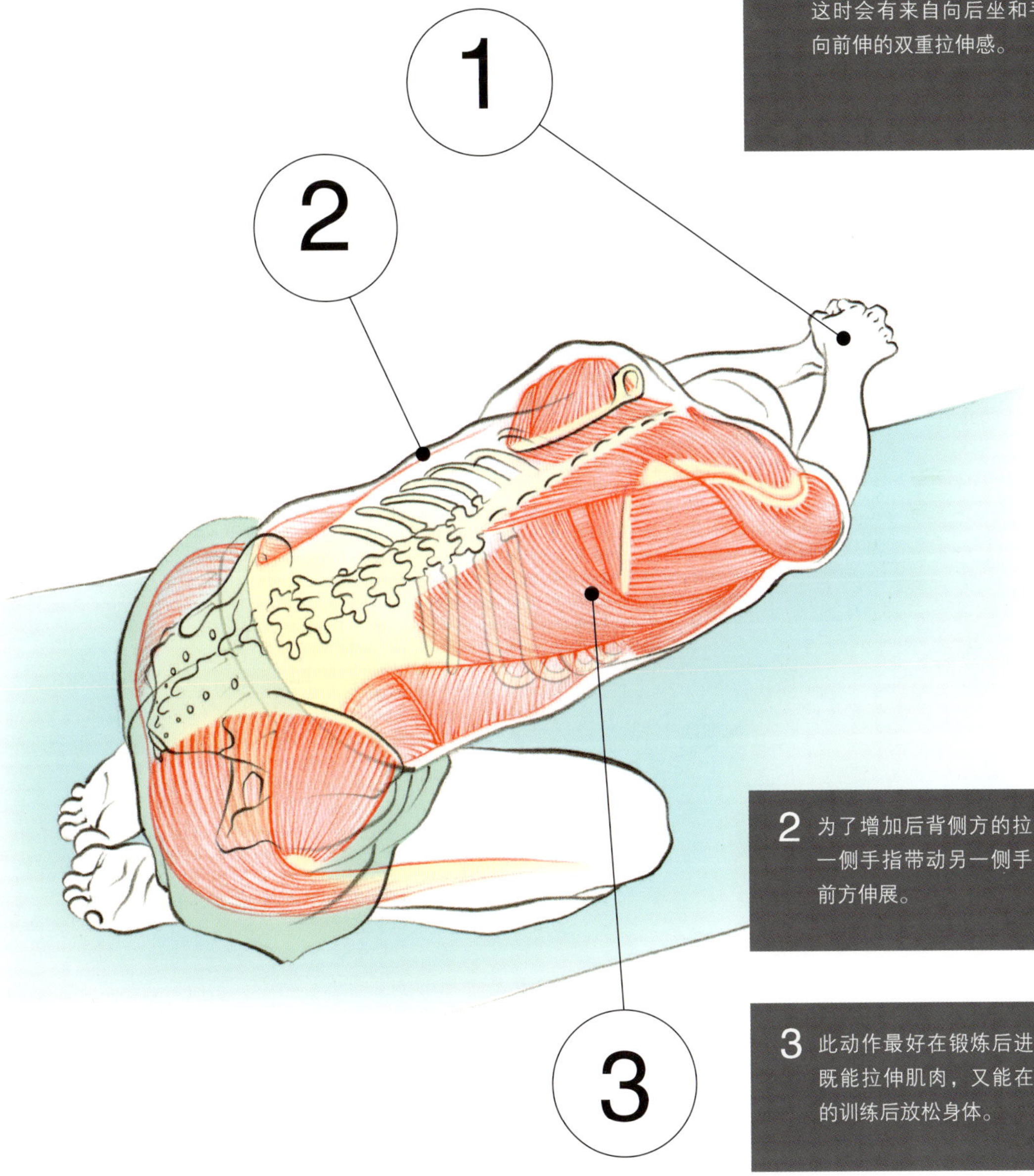


1 跪坐在脚跟上，手臂前伸。这时会有来自向后坐和手臂向前伸的双重拉伸感。

2 为了增加后背侧方的拉伸，一侧手指带动另一侧手往斜前方伸展。

3 此动作最好在锻炼后进行，既能拉伸肌肉，又能在疲劳的训练后放松身体。

**拉伸的肌肉：** 臀部、腰背部和上背部肌肉。

# 交叉训练

// 更强壮 // 更坚韧 // 更有力

# 基础知识

如果为了某一项特殊的运动进行训练，那么毫无疑问，针对这项运动提高成绩和表现的最好方法，就是多练习。如果想成为跑步运动员，那么就去跑步，跑步，再跑步，就这么简单。

**那么，为什么要进行交叉训练?**

交叉训练有4个目的：强化特定的1块或者1组较弱的肌肉，预防损伤，提高运动的积极性，以及维持体能。

无论是什么项目，大多数教练都会在运动员的日程表里设定力量训练。当然，项目不同，比赛的距离不同，目标不同，在健身房的训练量也不一样。

一般，短距离项目需要更多爆发力和力量，这可以通过负重训练获得。对于耐力项目而言，建议力量训练与大量的跑步训练间隔久一点。例如，要在6个月内参加一场比赛，可以在开始的6~8周，采用高负重低频次（重复8~12次）的训练模式；然后，减轻负重增加重复频次（最多重复15次），训练几周；在这之后，结束负重训练，专注于跑步训练。

然而，这一切都取决于目标具有多大挑战性，力量训练也因人而异。在上述训练计划之后，依然可以继续力量训练，但要记住，力量训练会使肌肉疲劳，影响整个训练计划。如果不想完全放弃交叉训练，可以用核心训练和拉伸训练来替代力量训练。总之，力量训练会使跑步产生更大的动力，但是不要过度训练，要时刻谨记训练的目标。

**确定并强化运动链中的弱点**

交叉训练的一个好处就是，可以针对跑步中身体的薄弱点进行训练。通过跑步中的感觉或者队医评估，不管是腿部力量，还是身体平衡，无论是哪个方面有弱点，都可以在健身房进行特定部位肌肉的训练。例如，如果弱点在腘绳肌（腿的后侧）和臀肌，可以通过深蹲（参考第80页）和腘绳肌弯举（参考第82页）来加强这些肌肉的力量。肌肉强化后再跑步时，就能体会出明显的差别。

然而，要牢记的是，乳酸堆积是造成身体疼痛的主要原因，最好的缓解方法就是跑步，保持这些肌肉的持续运动。随着肌肉的适应，跑步训练会使你变得更强。

**预防损伤**

针对运动项目进行特定训练的主要目的是预防损伤。伤病能摧毁数月努力训练的成果，对一些业余爱好者而言，甚至会摧毁他们的运动梦想，这也会让日常生活非常不适。那些运动导致背痛的人，每天还要在办公室工作8小时，问问他们的感受就知道了。例如，如果腘绳肌强壮、紧实，而拮抗肌——股四头肌相对较弱，这就可能造成骨盆倾斜，从而产生背痛。

因此，力量训练（参考第105~107页）不光对跑步有益，还会保持身体肌肉的平衡。增加训练强度的时候，肌肉会有不舒服的感觉，这是肌肉对更高强度适应的过程，持续高强度训练一段时间以后，这种不适感就会消失。

在核心训练中，通常会有一些简化的普拉提练习。参加专门的普拉提或者瑜伽课程，对提高核心肌肉力量，保持肌肉的平衡，提高肌肉支持是非常有帮助的。这些训练的额外好处就是减少了受伤的风险，而且这些低强度的训练在休息日都可以进行。

拉伸运动在预防损伤中也起着举足轻重的作用，因为这对耐力型跑者来说比大多数运动都重要，所以不应忽视这方面的训练（参考第65~73页）。

**积极性**

在积极的备赛阶段，需要一些常规训练外的调剂。每周1次不同方式的训练，会使精神和身体都焕然一新。许多高配速的业余跑者会每周进行1天骑行训练或者参加脊柱课程。这种常规外的训练，同样会使心血管系统得到锻炼，又能使一直训练的腿部肌肉得到休息。在抗阻训练中加入一些基础的目标也能够保持训练的积极性。例如，可以设定在2个月内抗阻训练的负重增加到一定的量。

值得注意的是，要根据自身情况设定合理的目标，如果已经达到了比较高的负重水平，那么再提升的空间就比较小，所以一定要按实际情况设置目标。

**常规训练**

很多人以保持健康为目的开始跑步，当然，这也是这项运动的好处之一。然而针对某项运动的专业训练，就只适合这项运动。有一些训练部分是可以在各项目中交叉运用的，但是想要身体更健康、获得更好的成绩就一定还需要些特别的训练。不同距离的跑步运动员就是一个很好的例子，一位优秀的百米运动员很难在马拉松比赛中取得好成绩，反之亦然。所以如果是以保持健康为目的的跑步，那就不要忽略交叉训练。

# 腿部——深蹲

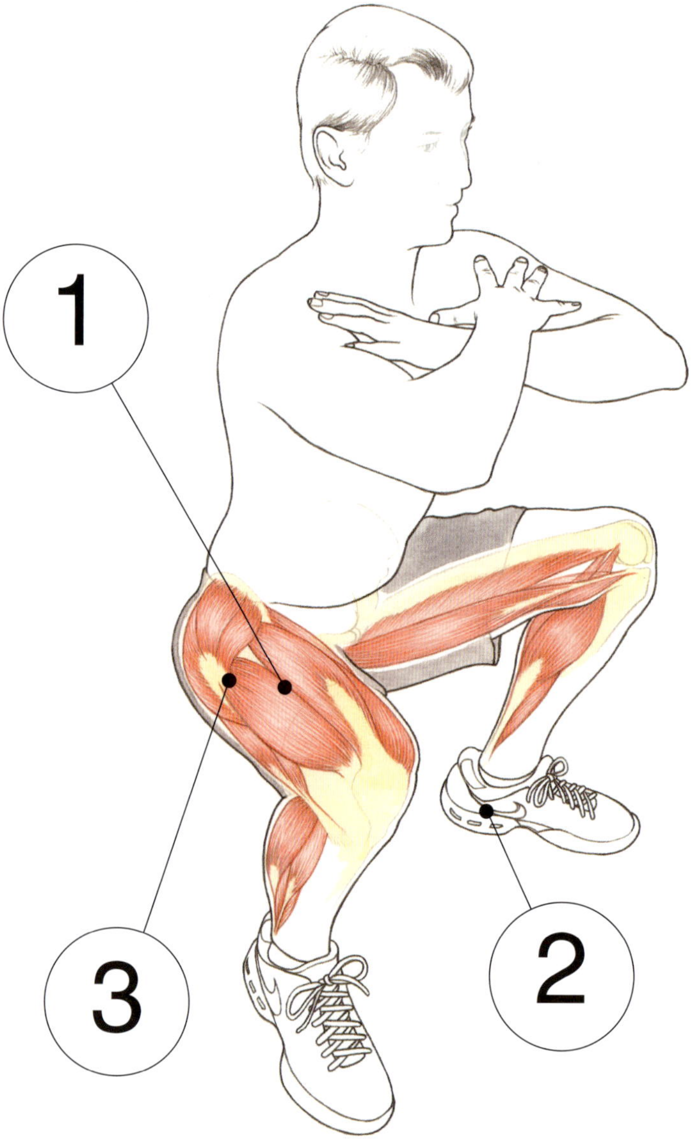


1 保持膝关节放松并且渐渐收紧腹肌和臀肌。向后坐，像坐在一把椅子上，直到大腿与地面平行。起身回到起始位置。

2 重心在脚跟上，这样能够最大限度地刺激臀肌和腘绳肌。尽量保持背部挺直，膝关节在足中趾上方。

3 觉得疲惫时，可以把注意力集中在腹肌和臀肌的收缩上，这样可以保护腰背部。调整呼吸，起身时呼气。

### 使用到的肌肉

主要肌肉：股四头肌、臀肌、腘绳肌、腰背部肌肉（竖脊肌）。

次要肌肉：小腿肌。

### 此训练如何提升跑步表现？

这个训练可以加强所有跑步需要肌肉的力量，包括股四头肌、腘绳肌和腰背部肌肉。腿部越有力，蹬地越有力。

# 腿部——箭步蹲

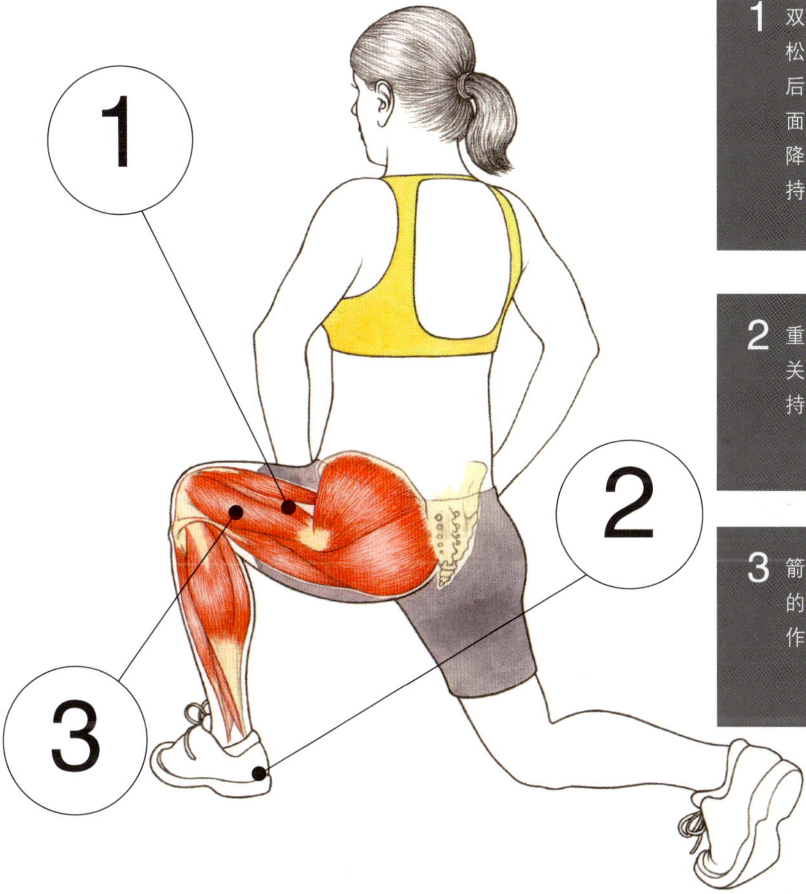


1 双脚与髋同宽，膝关节放松，身体挺直，然后一腿向后一大步，保持脚跟离开地面。屈膝，使后腿膝关节下降，前腿膝关节与足中趾保持一直线。

2 重心作用于前脚跟，前腿膝关节不要前移超过脚尖。保持骨盆轻微卷起。

3 箭步蹲的感觉是直上直下的，没有向前的移动，这样作用力才会在前腿膝关节上。

**使用到的肌肉**

主要肌肉：股四头肌、臀肌、腘绳肌、小腿肌。

**此训练如何提升跑步表现？**

这个训练可以提高肌肉力量和发力感，可以加大步幅，也可以使心率提高。

# 腿部——腘绳肌弯举

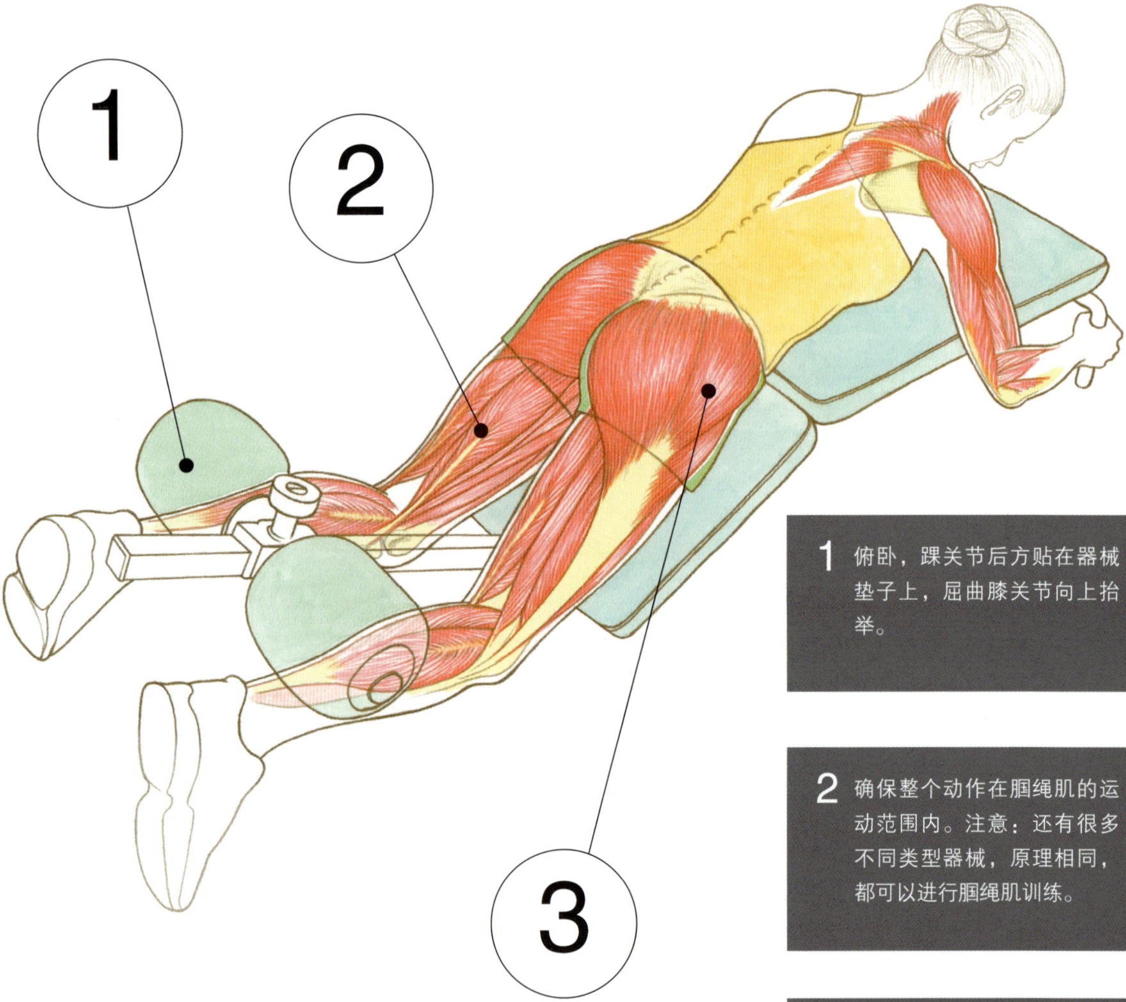


1 俯卧，踝关节后方贴在器械垫子上，屈曲膝关节向上抬举。

2 确保整个动作在腘绳肌的运动范围内。注意：还有很多不同类型器械，原理相同，都可以进行腘绳肌训练。

3 避免髋关节上下活动。收腹，保持髋关节稳定，也避免背部受伤。

**使用到的肌肉**

主要肌肉：腘绳肌、臀肌。

**此训练会如何提升跑步表现?**

这是专门针对腘绳肌力量的训练，腘绳肌在着地与腿后蹬的过程中起作用。

# 腿部——腿屈伸

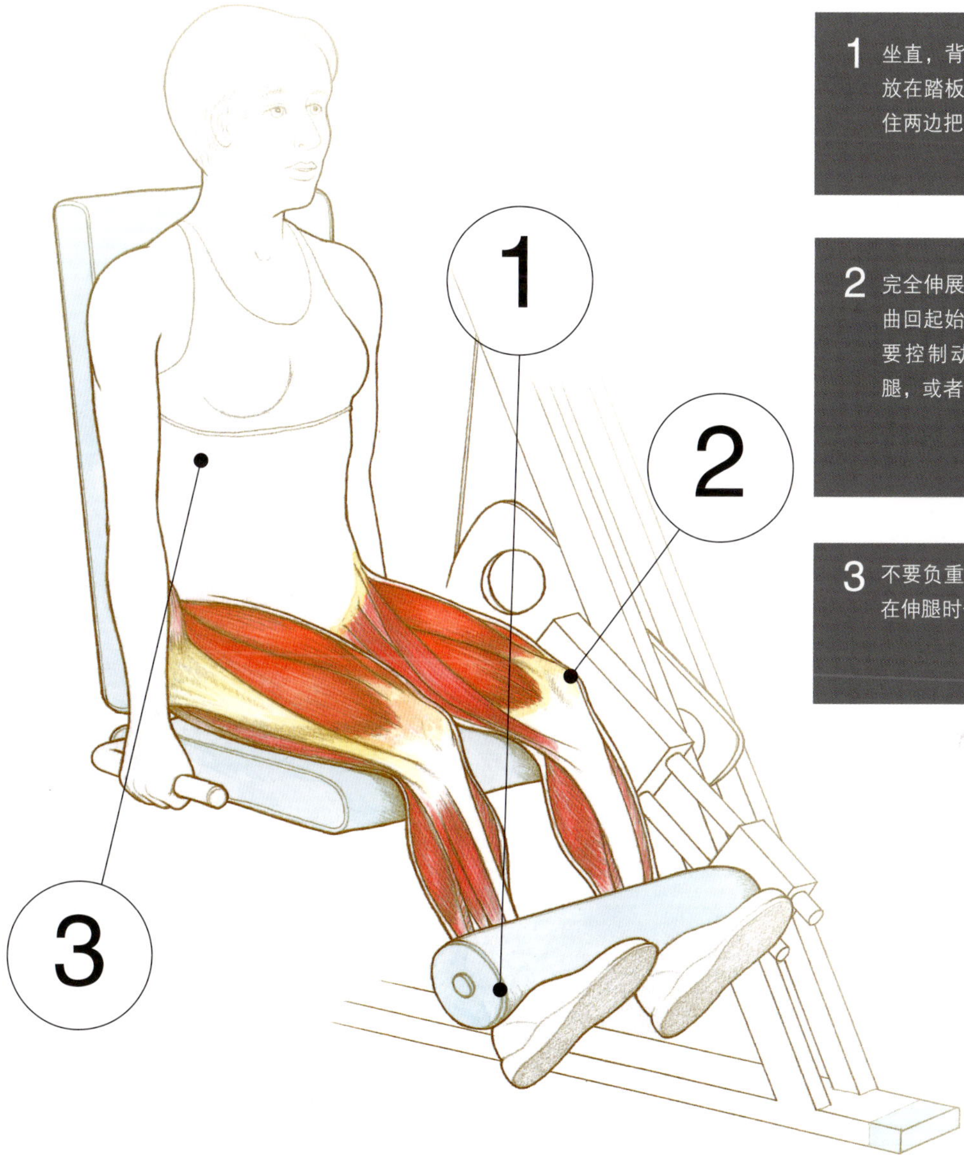


1 坐直，背部紧贴椅背，脚踝放在踏板下面，两手轻轻握住两边把手。

2 完全伸展腿部，然后慢慢弯曲回起始位置。整个过程中要控制动作，不要向前踢腿，或者快速把腿放下。

3 不要负重过重，过重的负重在伸腿时使背部离开椅背。

**使用到的肌肉**

主要肌肉：股四头肌。

**此训练如何提升跑步表现？**

强壮的股四头肌有助于更有力地蹬地，柔软地着地。

# 腿部——单腿深蹲

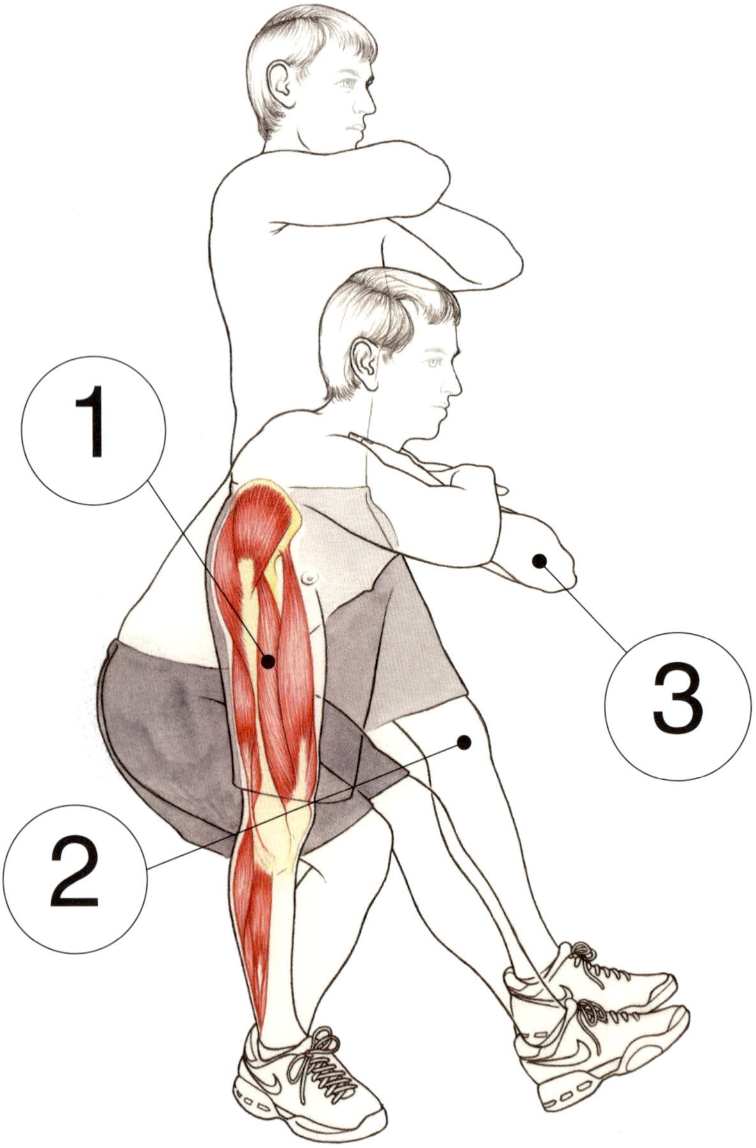


1 单腿站立，另一条腿膝关节屈曲90° 并抬高至膝关节与髋同高。起始和结束时保持这个姿势。

2 在重复运动中，保持上身挺直，弯曲支撑腿，背部向下，像快要坐在凳子上一样。

3 这个训练可同时加强力量和平衡感。刚开始训练时，可能需要扶着墙保持身体平衡。当完全可以独立完成训练时（抱臂单腿深蹲），就能达到最大的训练效果。

**使用到的肌肉**

主要肌肉：臀肌、股四头肌、腘绳肌、小腿后侧肌肉。

次要肌肉：腰背部肌肉。

**此训练如何提升跑步表现?**

这个训练可加强单腿的力量及稳定性，是跑步训练的重要部分，所有跑步涉及的肌肉都受到了训练。同时也有助于更好地维持跑步中的体态，避免过度前倾或后倾。

# 腿部——深蹲跳

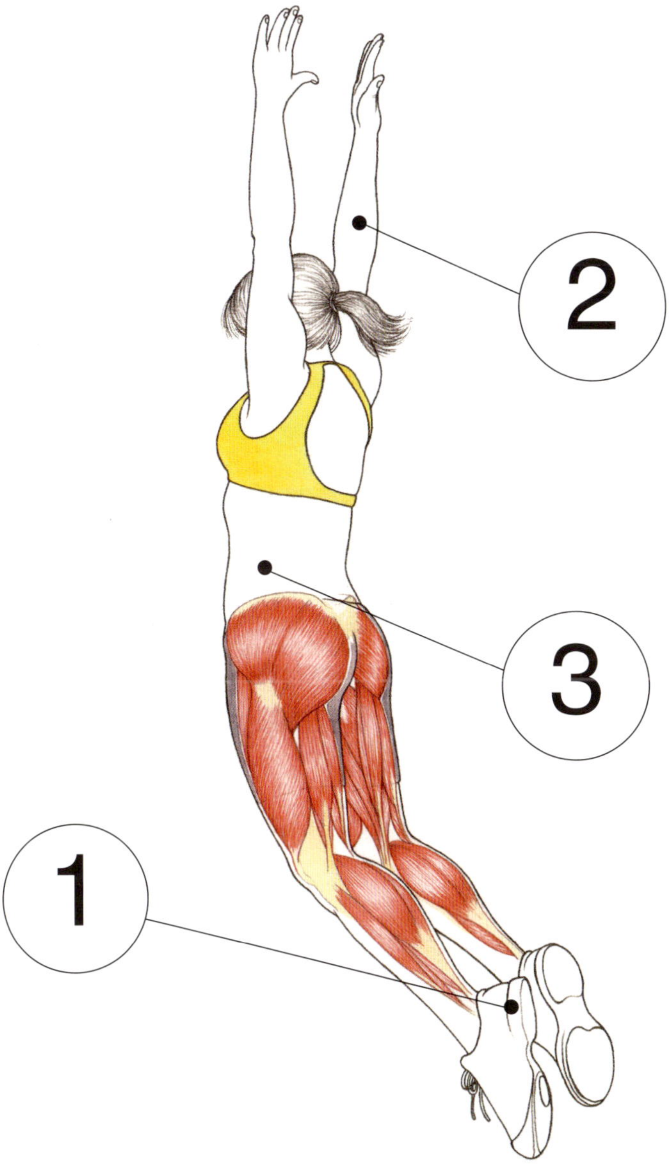


1 这是进阶的动态训练。先蹲下然后双脚同时向前起跳，运用足跟-足尖的动作着地，落地时屈膝，减缓地面冲击力。

2 两次重复之间，稍微停顿一下，使身体处在有准备的开始阶段。可以通过摆动双臂获得更多冲力。

3 所有的动态训练，如果训练方法不得当，都会有较高的受伤风险。所以感觉疲劳的时候，也要保持微微收腹，放松着地。如果不能维持，就停下休息。

**使用到的肌肉**

主要肌肉：股四头肌、臀肌、腘绳肌、腰背部肌肉。

次要肌肉：小腿后侧肌肉。

**此训练如何提升跑步表现？**

这个训练可以加强蹬地时的发力，并加强着地时的身体控制。同时也可以使心率上升在有氧区域。

# 腿部——高抬腿

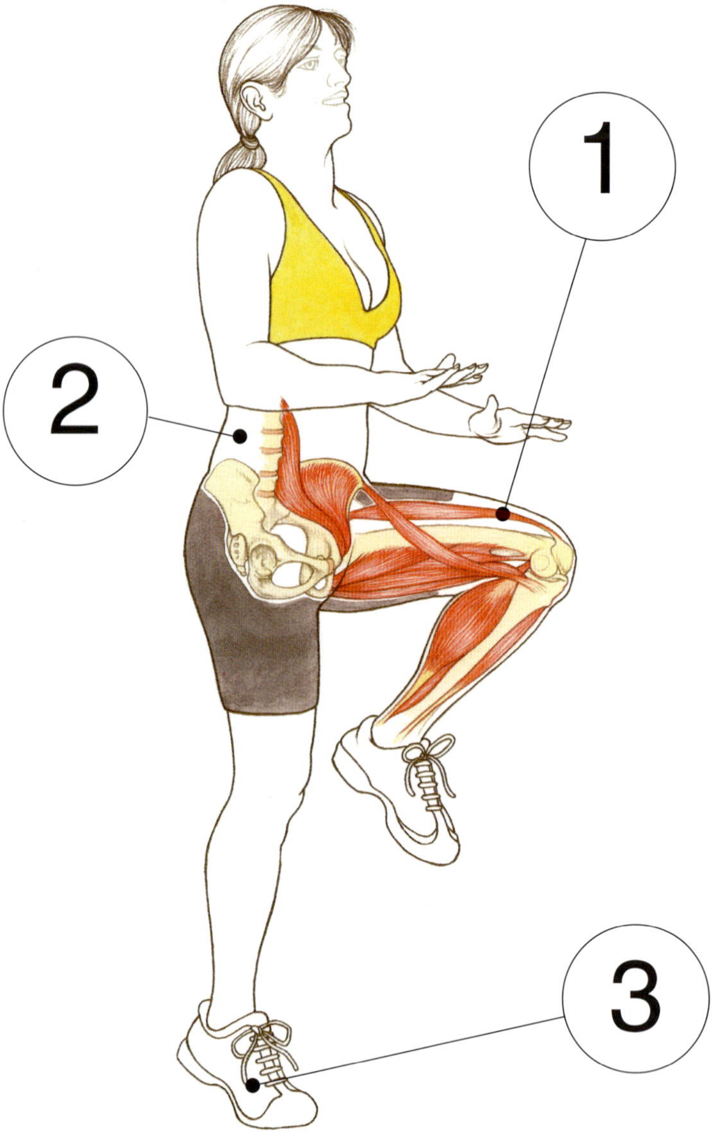


1 像单腿深蹲一样，开始动作时，一腿站立，一腿膝关节屈曲90° 并抬高至与髋同高。

2 保持身体正直，不要前倾或后倾。尽量跳得高一些，落地时两脚尽量落在同一点。

3 为了避免背部及膝关节损伤，训练中脚着地的部分非常重要，确保每次着地都有一些缓冲，像踏在垫子上一样。

**使用到的肌肉**

主要肌肉：臀肌、股四头肌、腘绳肌、小腿后侧肌肉。

**此训练如何提升跑步表现？**

这是增加抬腿力量和控制脚着地时身体稳定的训练，这些都是在跑步中需要用到的。

# 臀部——球上深蹲

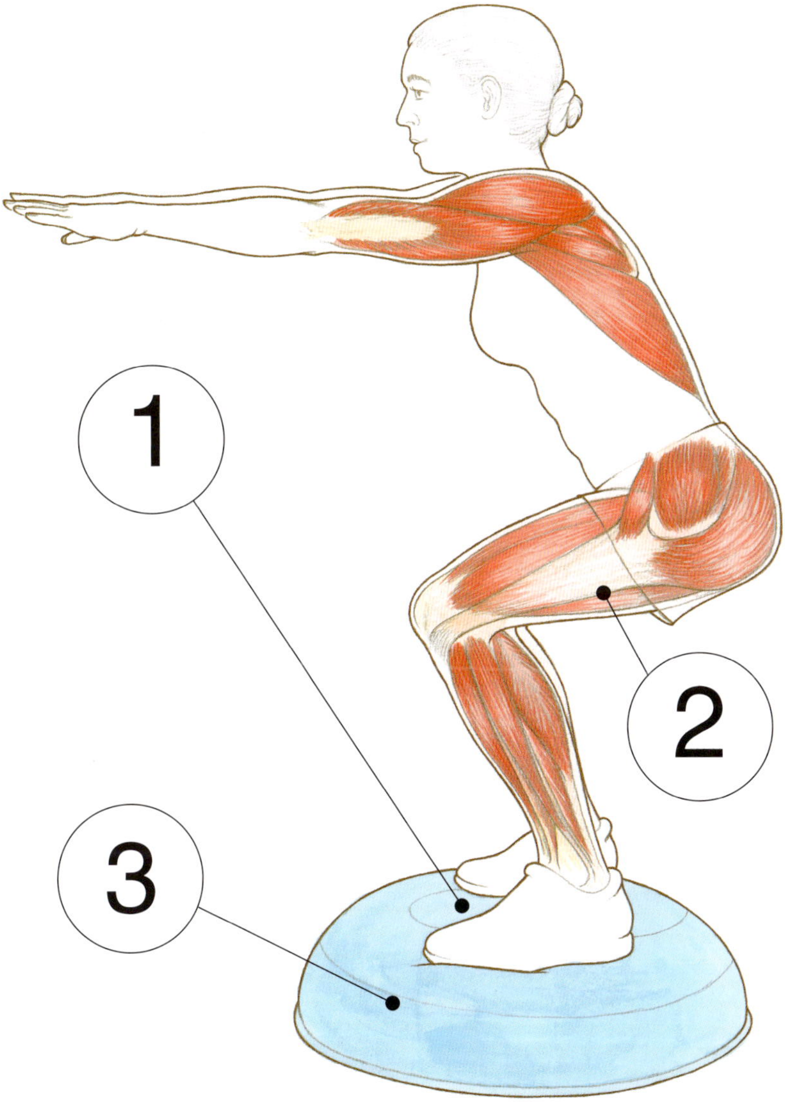


1 两脚与髋同宽，分开站在球上，身体挺直，背部逐渐向下沉，挺胸，保持膝关节与中趾在一条直线上。

2 重心集中在脚跟，避免膝关节过多受力，这样会激活臀肌及腘绳肌。

3 这个动作与深蹲的动作一样。箭步蹲也可以采用一条腿蹲在球上的方式训练。

### 使用到的肌肉

主要肌肉：股四头肌、腘绳肌、臀肌、腰背部肌肉。

次要肌肉：小腿后侧肌肉、核心肌肉。

### 此训练如何提升跑步表现?

与深蹲一样，这个训练可以加强肌肉力量，保持跑步中身体的直立，可以提高跑步效率。

# 腿部——上台阶

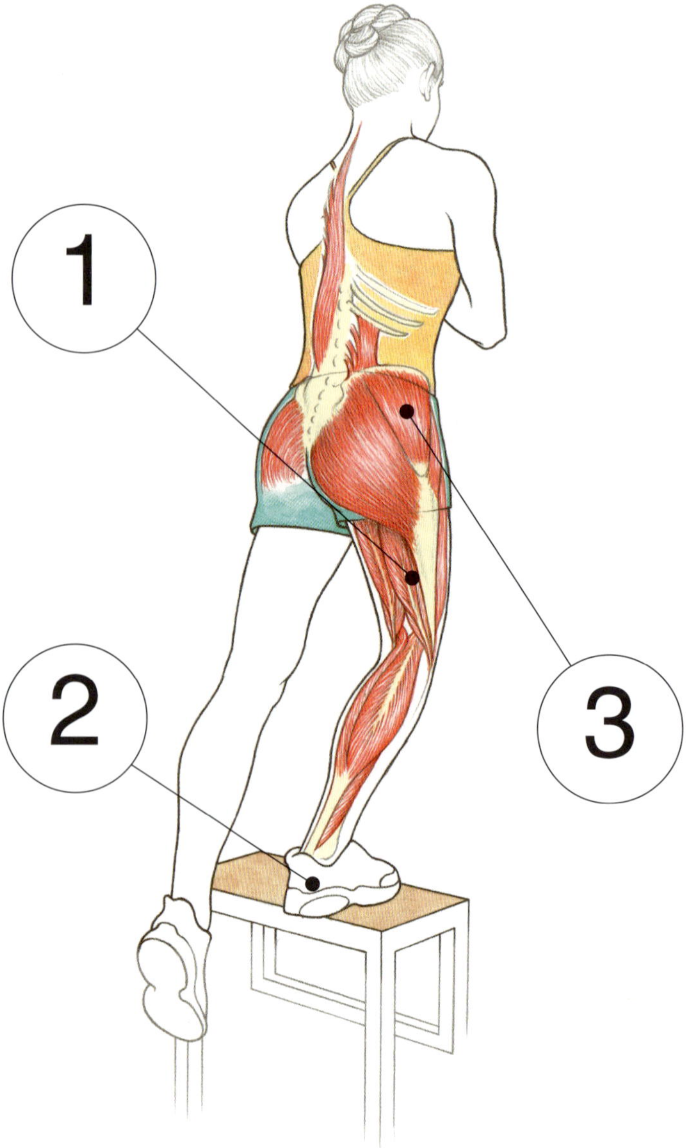


1 站在离板凳或者台阶约30厘米远的位置。一条腿先上台阶，然后另一条腿跟上，尽量保持膝、踝关节成直角。

2 当第一条腿踏上台阶后，放下脚跟，可以保持身体稳定，并激活正确的肌肉。

3 时刻保持上身挺直，避免身体向前倾斜。可以手持重物增加训练强度。

**使用到的肌肉**

主要肌肉：股四头肌、臀肌。

次要肌肉：腘绳肌、小腿后侧肌肉。

**此训练如何提升跑步表现？**

这会增加股四头肌、腘绳肌以及核心肌肉的力量，在爬陡坡时会很有帮助。

# 腿部——提踵

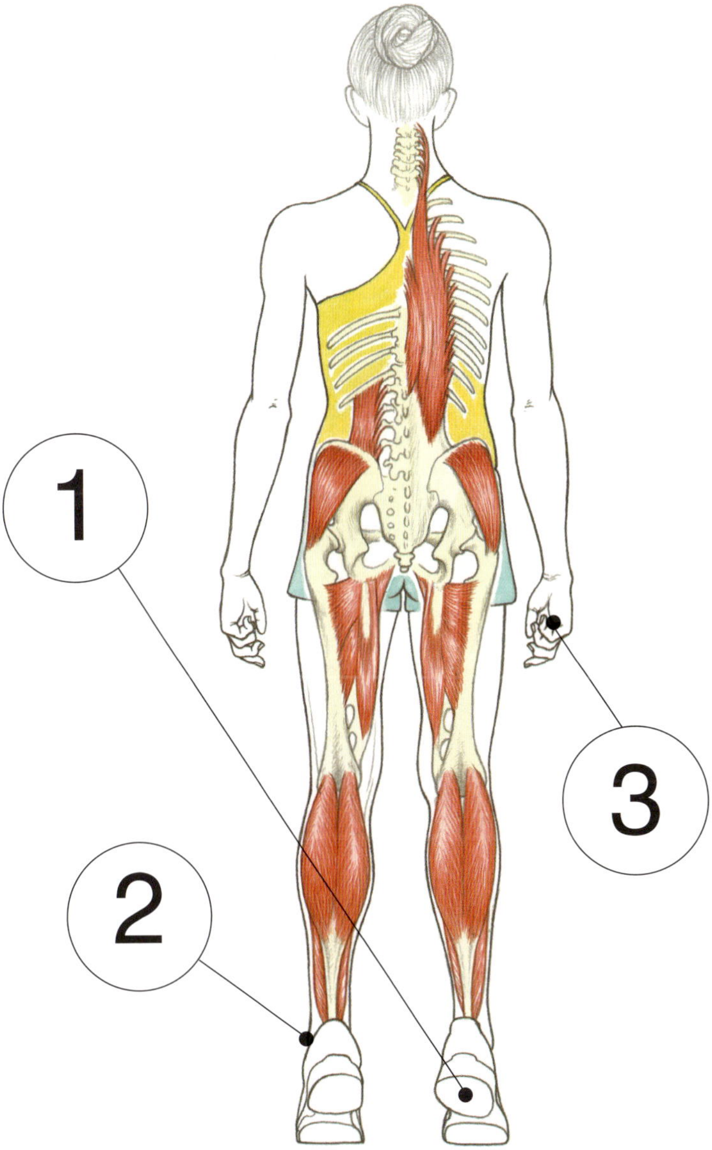


1 双脚与髋同宽，身体挺直。提脚跟，重心移至足前部，随后身体下降至起始位置。

2 脚踝保持中立位，避免脚踝左右偏移，始终保持身体挺直。

3 可以双手各持一个重物增加训练强度。如果没有合适的装备，罐装食物或者一些方便手持的重物也可以。

**使用到的肌肉**

主要肌肉：小腿后侧肌肉。

**此训练如何提升跑步表现？**

跑者的小腿后侧肌肉要非常强壮，因为每次的伸足都需要小腿后侧肌肉的收缩。

# 腿部——球上箭步蹲

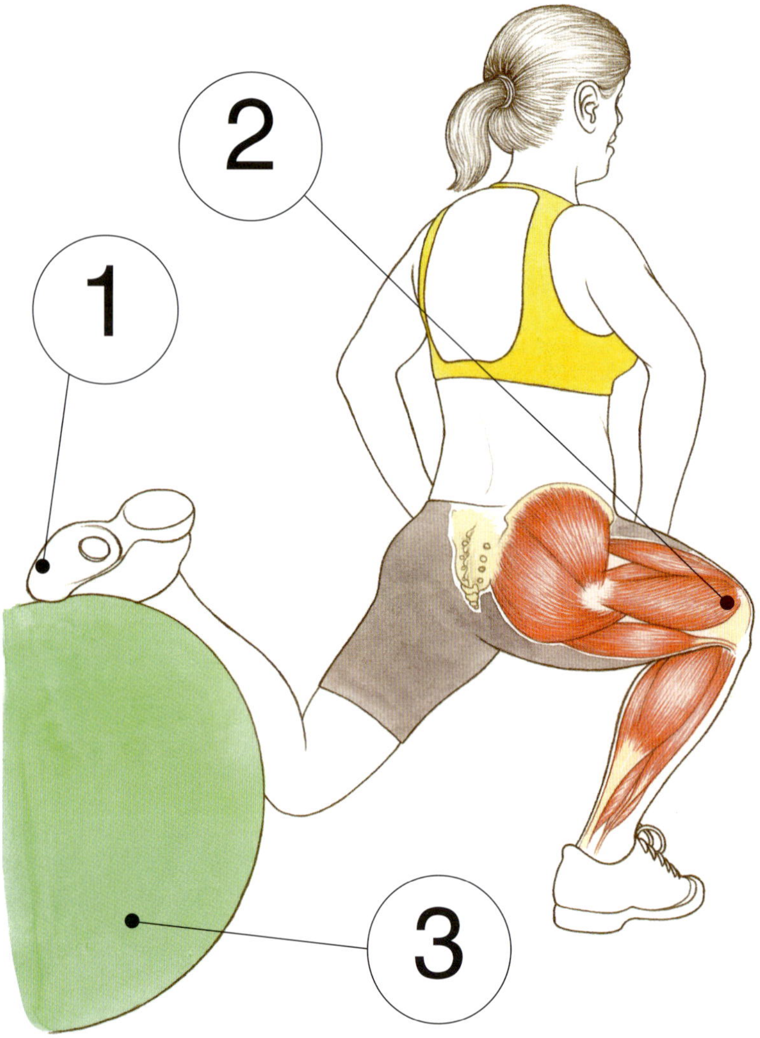


1 一只脚脚背向后搭在球上，重心放在前脚上，前脚尽可能远离后腿。

2 前腿膝关节屈曲，不要超过脚踝，应该小于90°。体会重心的上下移动。

3 这是一个有挑战性的训练，需要力量与肌肉的协调。开始的时候可以通过扶墙保持身体的平衡，如果没有健身球，也可以将后腿放在固定的台阶或者凳子上完成。

## 使用到的肌肉

主要肌肉：股四头肌、臀肌、腘绳肌、小腿肌。

## 此训练如何提升跑步表现?

这个训练会加强跑步所涉及的所有肌肉的力量，并且强调单腿的运用，使两腿的作用平衡。

# 胸部——俯卧撑

1 双手分开比肩略宽，撑地。胸部下降贴近地面，直至距离地面1拳，然后缓慢地推回至起始位置。

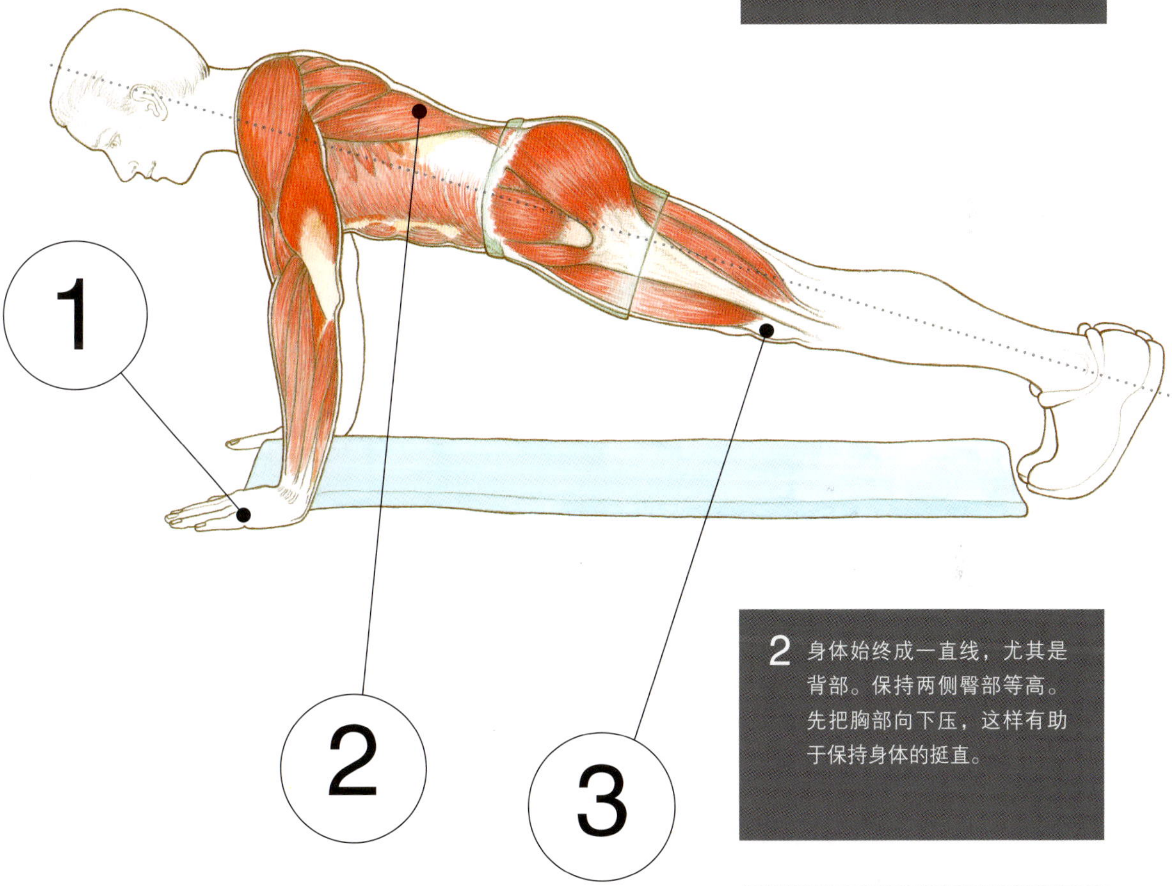


2 身体始终成一直线，尤其是背部。保持两侧臀部等高。先把胸部向下压，这样有助于保持身体的挺直。

3 可以采用膝关节着地，即跪式俯卧撑降低动作难度，在不能很好维持身体成直线时也可采用这种方式。

**使用到的肌肉**

主要肌肉：胸大肌。

次要肌肉：肱三头肌。

**此训练如何提升跑步表现？**

这个练习有助于保持姿势的挺拔，有助于理想跑姿的建立，帮助身体维持整体的平衡。

# 肩部——俯身划船

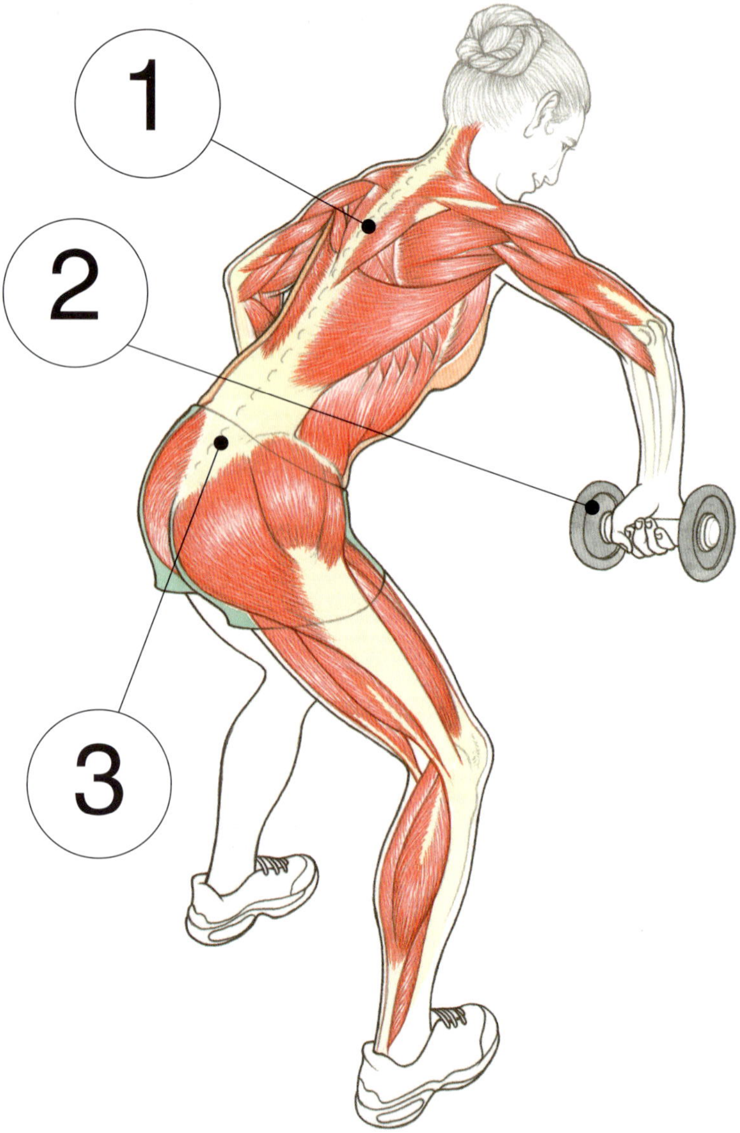


1 抬起重物时，感受肩胛骨的缩紧，这会将负荷集中到背部。

2 起始时，手持重物放在膝关节以下。保持俯身姿势，划船过程中，夹紧背部，重物向肚脐方向移动，然后伸直手臂回到起始位置。

3 保持这个姿势会使腰背部绷紧，容易造成下脊柱弯曲。可以通过收腹来保持骨盆位置，从而保持背部的挺直。

**使用到的肌肉**

主要肌肉：颈部肌肉、肩部肌肉及背部肌肉（斜方肌）。

次要肌肉：肱二头肌。

**此训练如何提升跑步表现?**

背部及肩部的力量可以保持身体的挺拔，避免驼背。驼背在跑者中非常常见。

*非负重情况下进行此项训练，双手紧握弹力带于相同起始位置开始训练。将双脚放在弹力带上，双手在与负重情况相同的运动轨迹上从肩膀开始画一条弧线举向最高点。

# 背部——硬拉

1 起始时，脚跟位于髋部下方，腿微曲，背挺直。双臂稍宽于大腿，手掌朝向身体。然后，背部发力，通过身体前倾将杠铃下放到膝关节的位置，简短停留再回到起始位置。

2 在动作过程中，保持身体挺直，不要通过膝关节的屈伸完成动作，时刻保持沉肩。

3 重心要集中在脚跟，膝关节放松但不要过度弯曲，以免成为深蹲训练。

**使用到的肌肉**

主要肌肉：腰背部肌肉、腘绳肌、臀肌。

**此训练如何提升跑步表现？**

这是一个训练腘绳肌的动作，在训练的同时也保护了腰背部，因为很多跑者会出现腰背痛的问题。

# 手臂——肱二头肌弯举

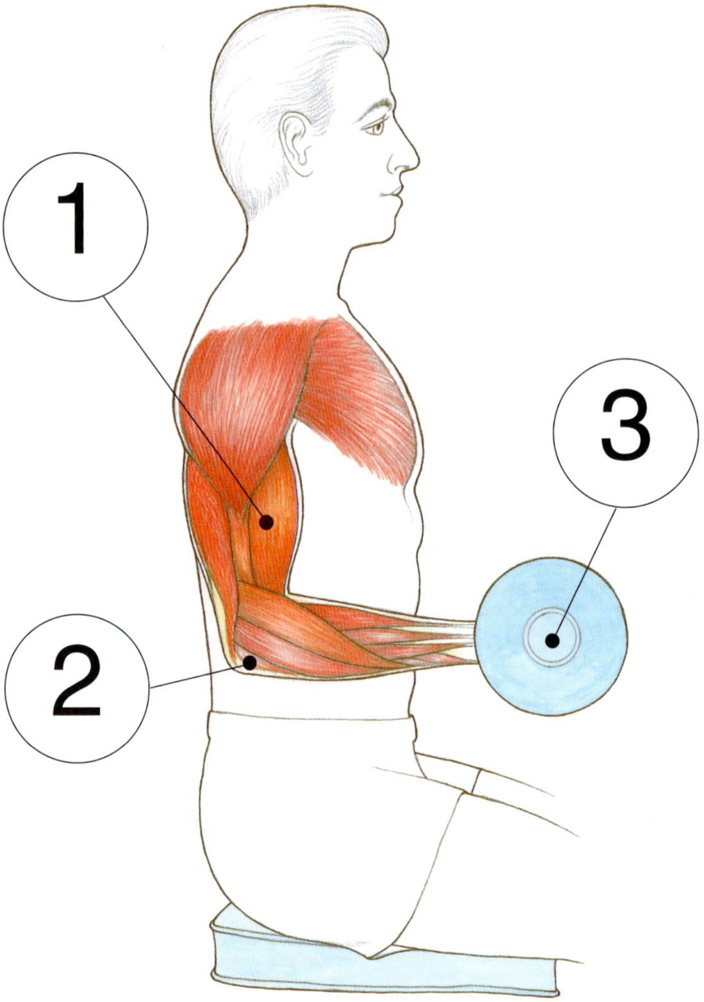


1 手掌向上自然抓握住哑铃，屈肘并固定。前臂向上臂靠拢，使哑铃向胸部靠拢。在最大位置稍微停顿，然后回到起始位置。

2 保持肘部与身体贴紧，肘部不要向后移动。

3 手部需要灵活有力，如果抓得过紧，前臂过度用力会影响肱二头肌的发力。

**使用到的肌肉**

主要肌肉：肱二头肌。

**此训练如何提升跑步表现？**

这不是一个针对跑步的特殊训练，但是可以加强身体的平衡。在10公里跑中，可以通过肩部带动手臂的摆动，提高跑步频率。

*非负重情况下进行此项训练，双手紧握弹力带于相同起始位置开始训练。将双脚放在弹力带上，双手在与负重情况相同的运动轨迹上从肩膀开始画一条弧线举向最高点。

# 手臂——肱三头肌撑体

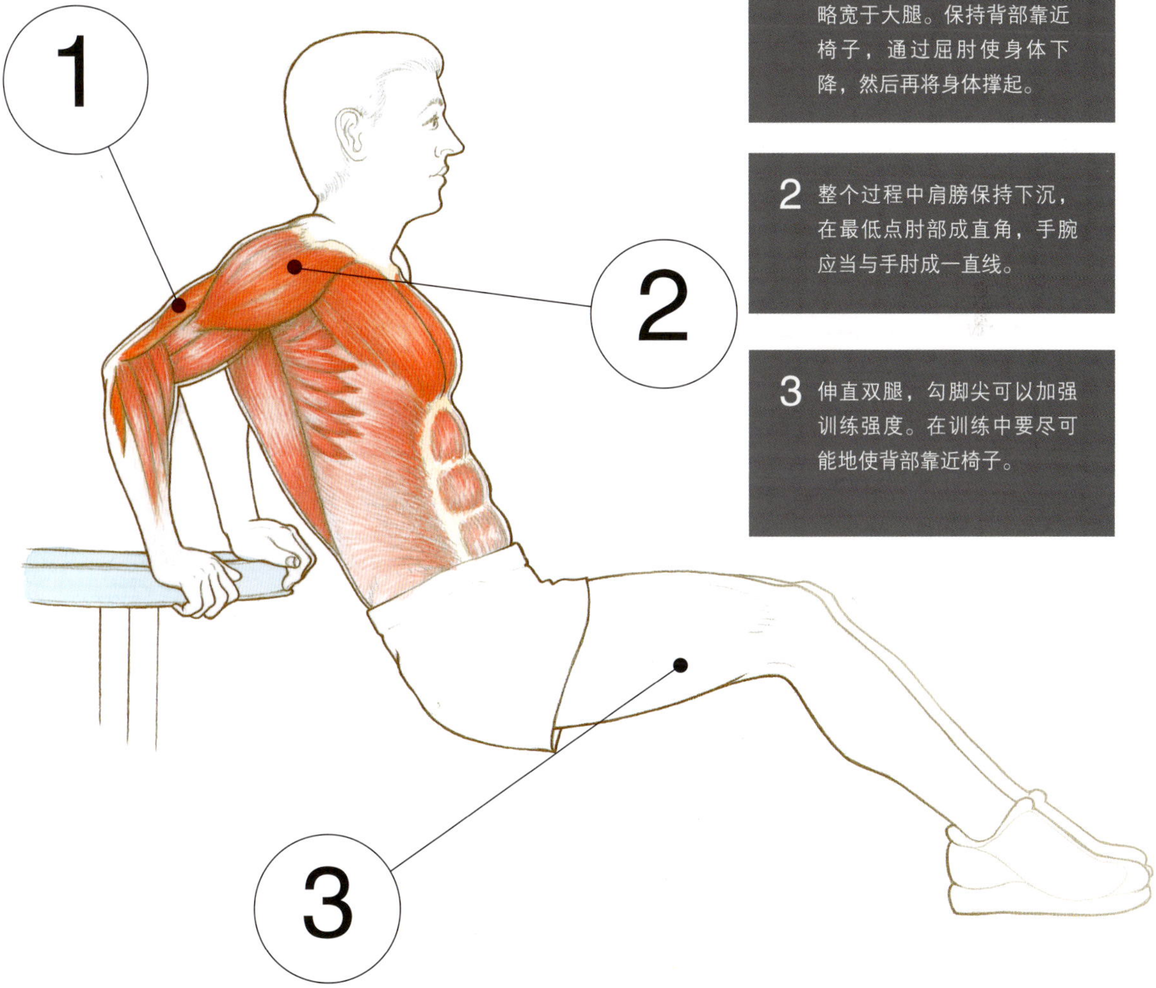


1 开始时，双手放在椅子或者台阶上，并且双手间的距离略宽于大腿。保持背部靠近椅子，通过屈肘使身体下降，然后再将身体撑起。

2 整个过程中肩膀保持下沉，在最低点肘部成直角，手腕应当与手肘成一直线。

3 伸直双腿，勾脚尖可以加强训练强度。在训练中要尽可能地使背部靠近椅子。

**使用到的肌肉**

主要肌肉：肱三头肌。

**此训练如何提升跑步表现?**

类似于肱二头肌的训练，这个训练可以平衡身体的力量，而不是使手臂更强壮。

# 肩部——肩袖训练

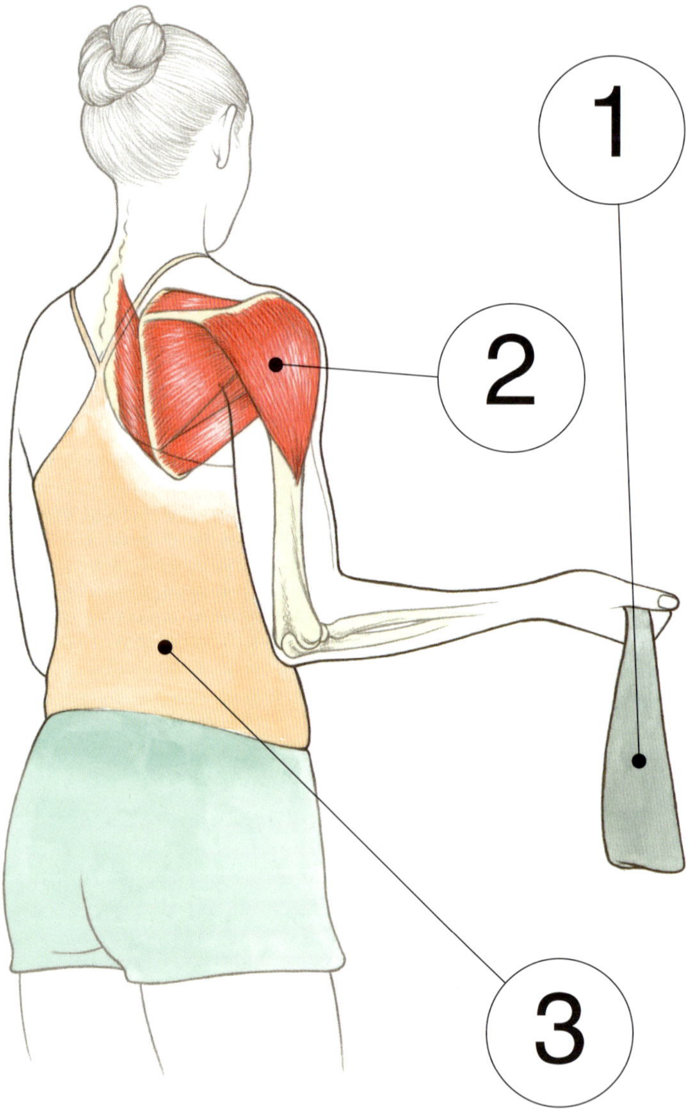


1 使用弹力带。开始时，将弹力带的一头固定在牢固的物体上，另一头握在手中。屈肘成直角，保持上臂贴紧身体，向外拉动弹力带。

2 屈肘成直角时，向外拉动弹力带，才能使肩背部的肌肉收紧。

3 这对训练肩关节韧带的效果很好，保持正确的姿势，减少其他背部肌肉的参与。

### 使用到的肌肉

主要肌肉：肩部后侧肌肉（肩袖）。

### 此训练如何提升跑步表现？

有力的肩部有助于上半身挺直，避免过度耸肩。过度耸肩是长距离跑步选手的常见问题。

# 核心——单腿平衡

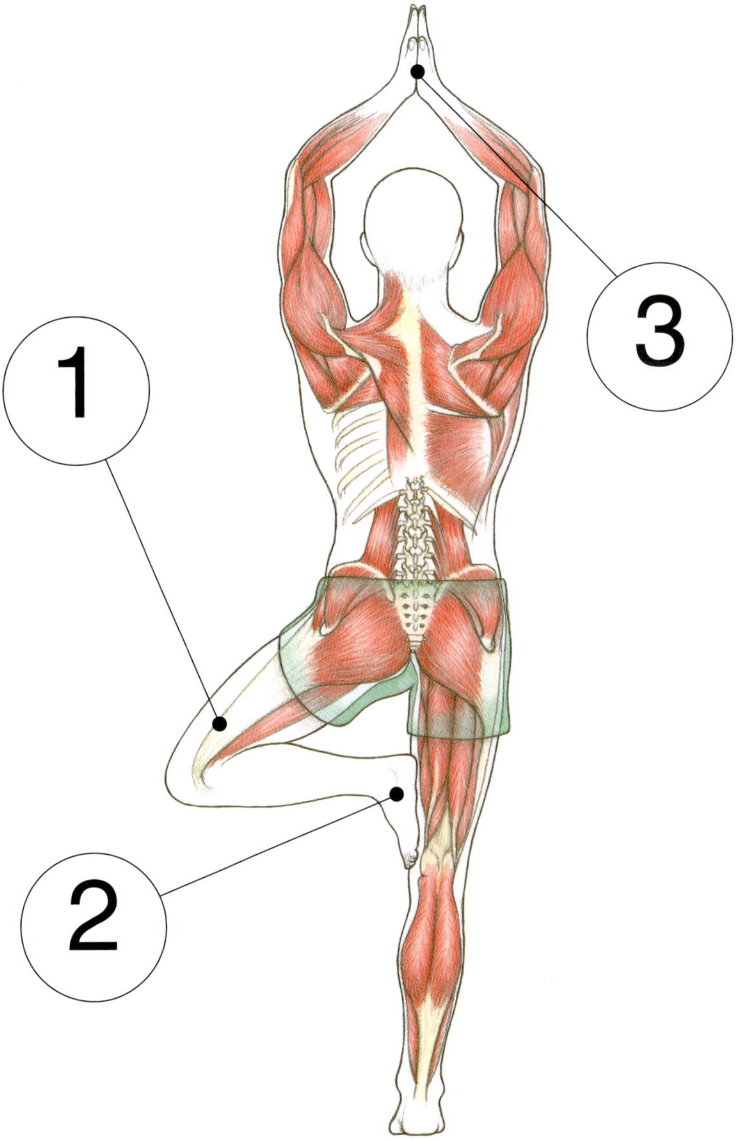


1 单腿伸直站立，另一条腿屈曲，且脚掌放于直立腿膝关节内侧上方，屈曲腿膝关节朝向外侧。

2 脚掌向大腿内侧发力有助于保持身体稳定，尽可能使脚掌位于膝关节上方。如果很难完成，可以把脚掌置于小腿的高度。

3 两手掌并拢成祈祷式，想检测身体的平衡感也可以把双手上举过头部或者闭上眼睛。

**使用到的肌肉**

主要肌肉：核心肌肉。

次要肌肉：下背部肌群、小腿后侧肌肉、股四头肌。

**此训练如何提升跑步表现?**

激活核心肌肉，掌握平衡的技巧，避免摔倒，也避免跑步中有可能会出现的腰背痛。

# 核心——平板支撑

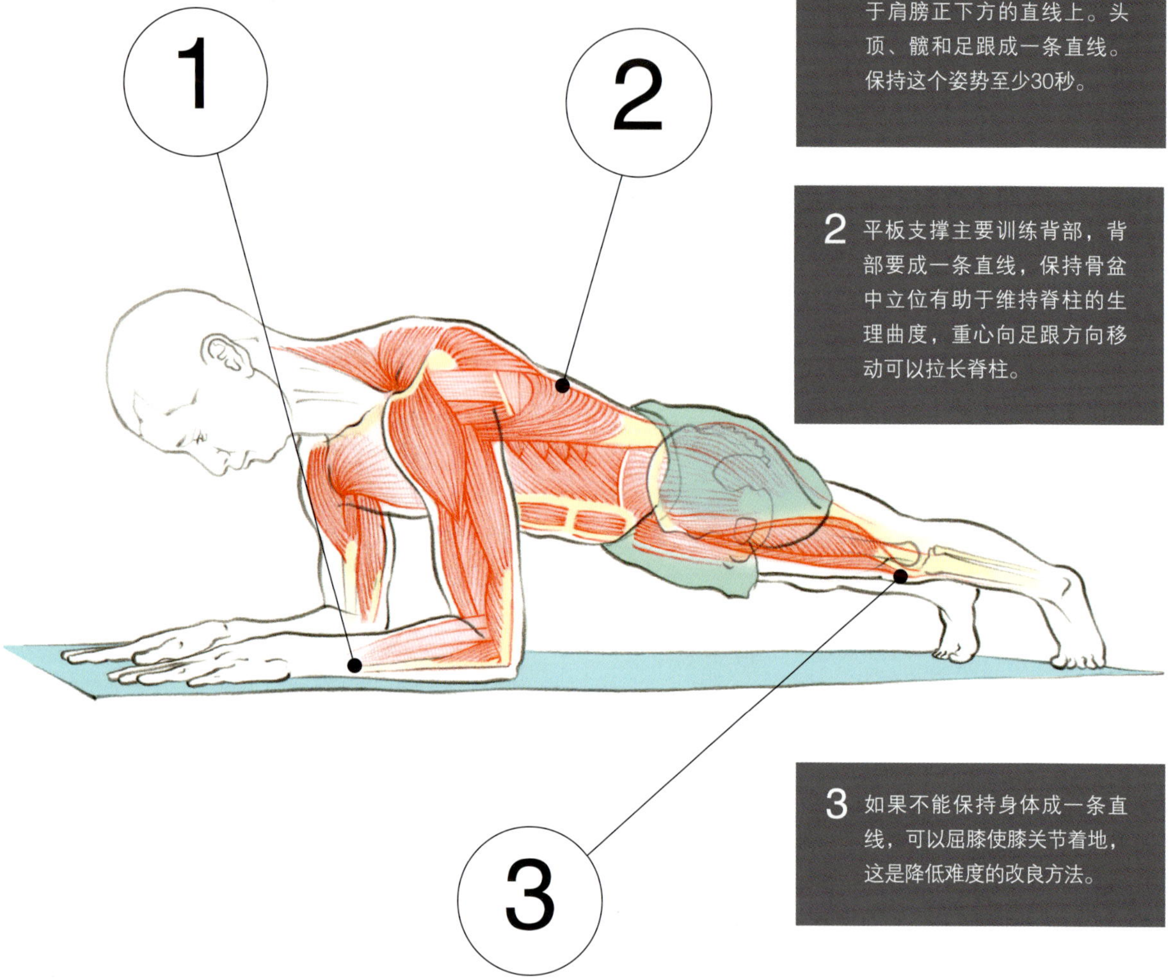


1 前臂平放于地板上，手肘处于肩膀正下方的直线上。头顶、髋和足跟成一条直线。保持这个姿势至少30秒。

2 平板支撑主要训练背部，背部要成一条直线，保持骨盆中立位有助于维持脊柱的生理曲度，重心向足跟方向移动可以拉长脊柱。

3 如果不能保持身体成一条直线，可以屈膝使膝关节着地，这是降低难度的改良方法。

| 使用到的肌肉 | 此训练如何提升跑步表现? |
| --- | --- |
| 主要肌肉：深层、浅层腹肌和腰背部肌肉。 | 跑步中核心肌群至关重要，可以保持身体的直立，尤其是长距离跑步中感到疲惫时。 |

# 核心——侧方平板支撑

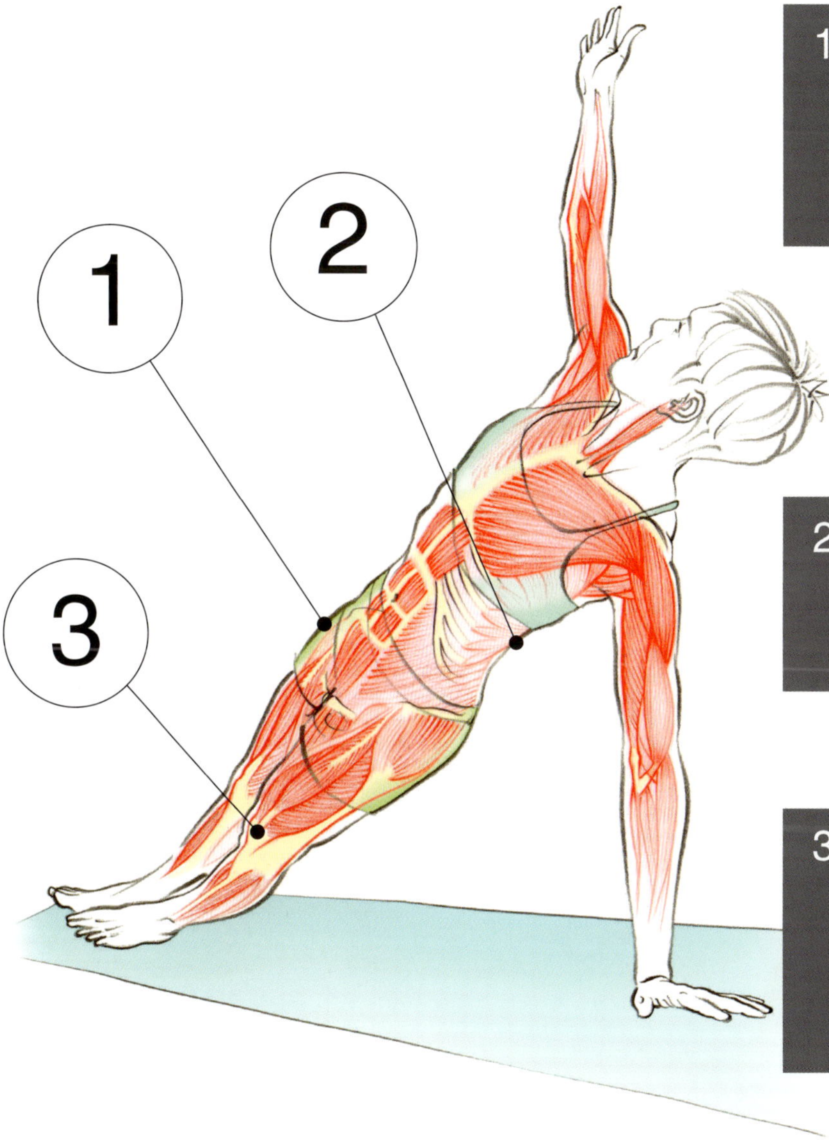


1 一手撑在地板上，手肘处于肩膀下并与肩膀成一条直线，身体转向侧面，然后将臀部向上抬起，成图示中的姿势，保持至少30秒。

2 与平板支撑一样，这个动作要保持躯干成一条直线，背部维持正常的生理曲度，伸直双腿也有助于背部挺直。

3 低强度的改良动作是屈膝成直角，膝关节着地，然后以手和膝关节作为支点，撑起身体。在肩膀力量较弱的情况下，也可以采用这种改良方法。

**使用到的肌肉**

主要肌肉：侧方、深层、浅层腹肌和腰背部肌肉。

**此训练如何提升跑步表现？**

这个训练可加强腹内、外斜肌及核心肌群的力量，有助于跑者维持良好的姿态，避免背部损伤。

# 核心——卷腹

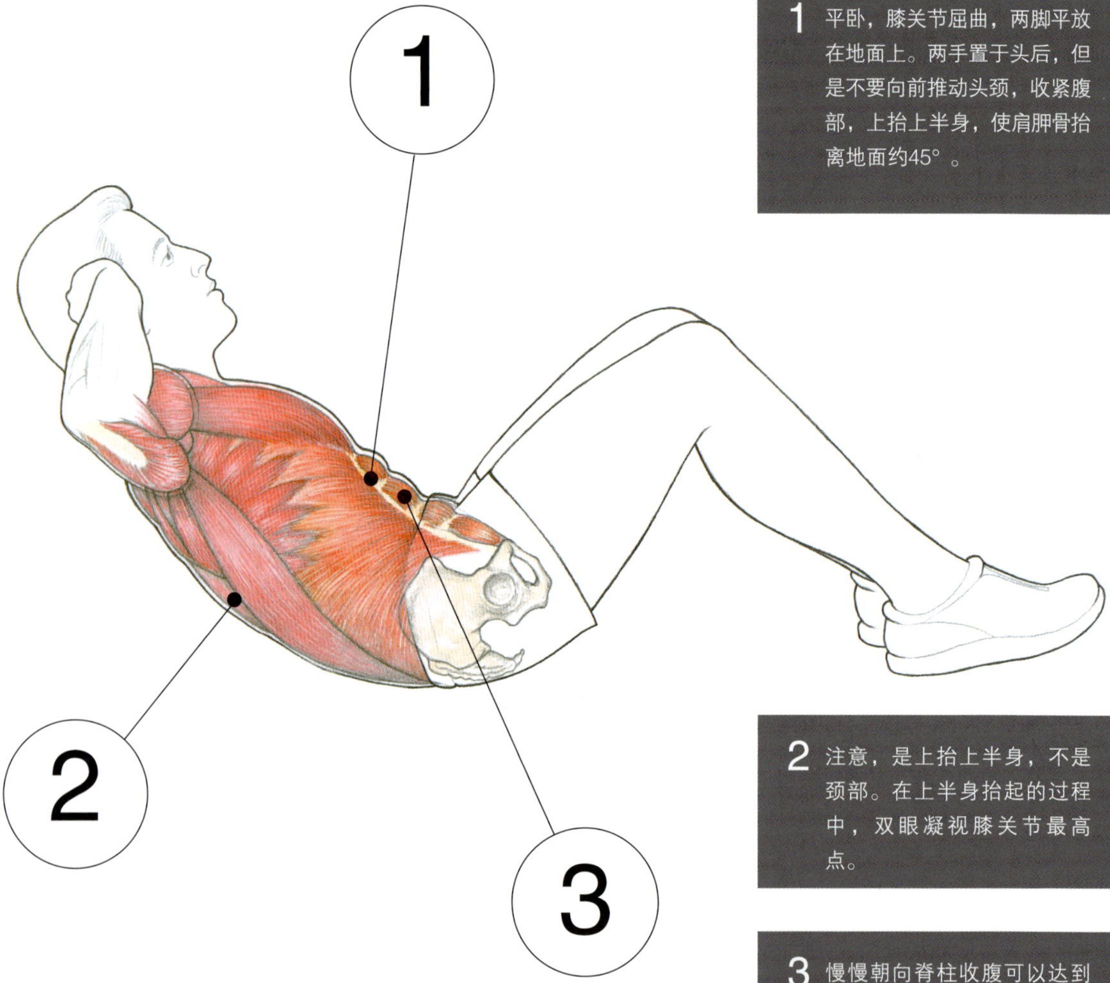


**1** 平卧，膝关节屈曲，两脚平放在地面上。两手置于头后，但是不要向前推动头颈，收紧腹部，上抬上半身，使肩胛骨抬离地面约45°。

**2** 注意，是上抬上半身，不是颈部。在上半身抬起的过程中，双眼凝视膝关节最高点。

**3** 慢慢朝向脊柱收腹可以达到更好的训练效果。背部躺在健身球上训练可以增强训练强度并增强平衡性。

### 使用到的肌肉

主要肌肉：浅层腹肌。

### 此训练如何提升跑步表现？

卷腹有助于训练6块腹肌，腹肌在跑步中可帮助带动腿部的发力。

# 核心——肩桥

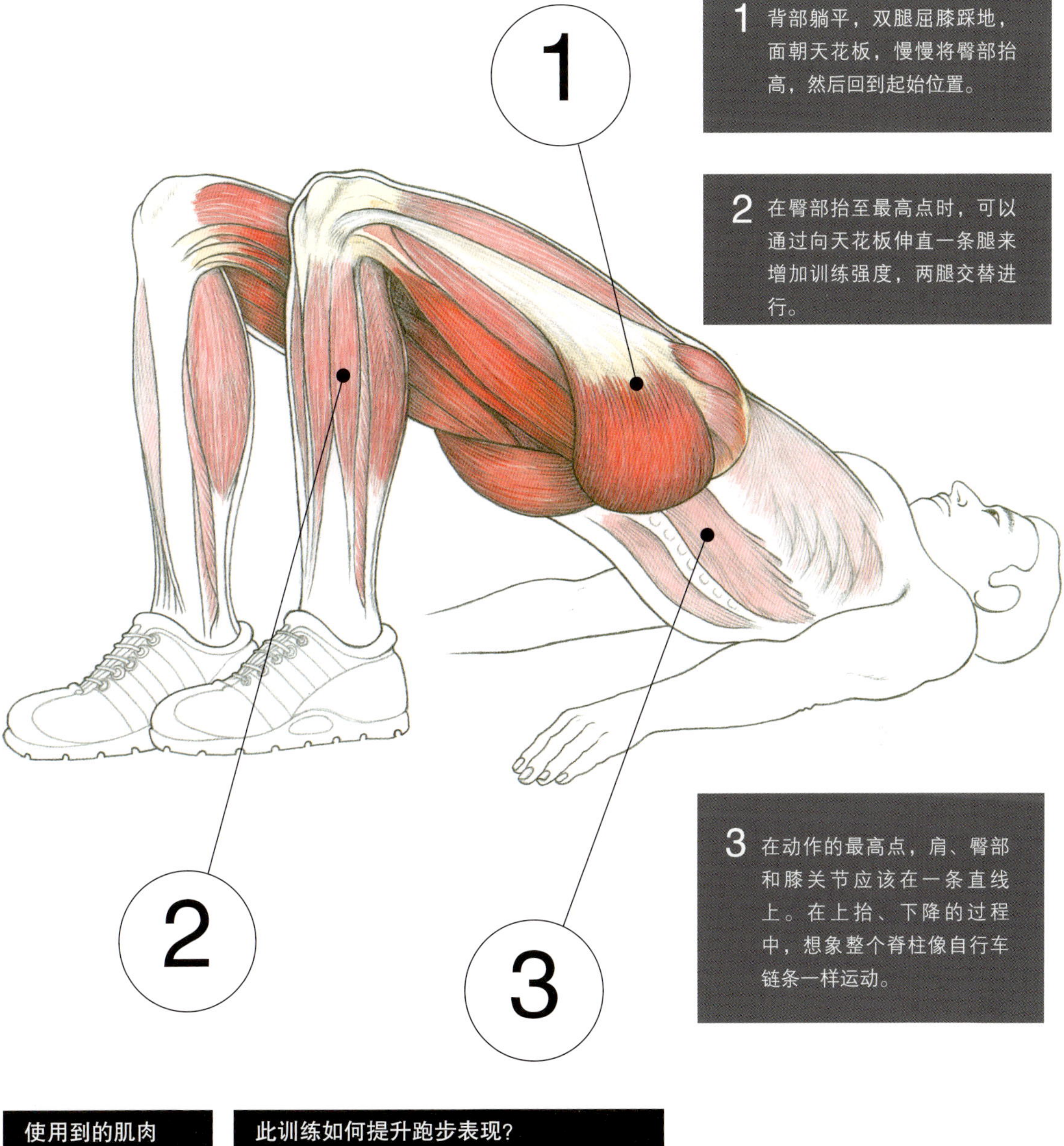


1 背部躺平，双腿屈膝踩地，面朝天花板，慢慢将臀部抬高，然后回到起始位置。

2 在臀部抬至最高点时，可以通过向天花板伸直一条腿来增加训练强度，两腿交替进行。

3 在动作的最高点，肩、臀部和膝关节应该在一条直线上。在上抬、下降的过程中，想象整个脊柱像自行车链条一样运动。

**使用到的肌肉**

主要肌肉：臀肌、腘绳肌、腰背部肌肉、腹肌。

**此训练如何提升跑步表现?**

肩桥主要训练脊柱周围核心小肌群，有助于跑步中避免背部损伤。

# 核心——“V”形抬腿

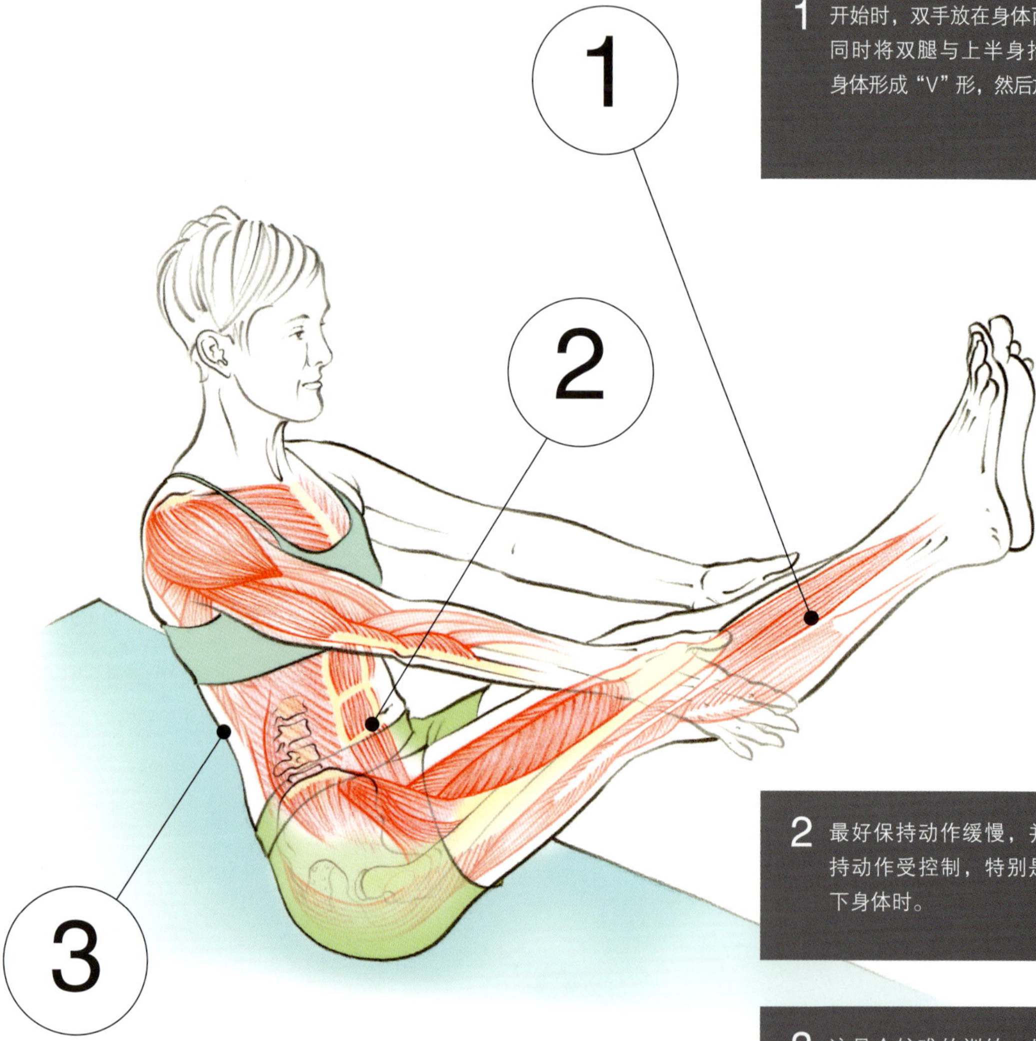


1 开始时，双手放在身体两侧，同时将双腿与上半身抬起，身体形成“V”形，然后放下。

2 最好保持动作缓慢，并且保持动作受控制，特别是在放下身体时。

3 这是个较难的训练，如果动作不当会导致背部损伤。抬起时屈膝可降低动作难度。

### 使用到的肌肉

主要肌肉：上腿部肌肉、上腹部肌肉及髋屈肌。

### 此训练如何提升跑步表现?

“V”形抬腿有助于训练髋屈肌（大腿上部）及腹部外侧肌肉，这些肌肉有助于跑步过程中腿部灵活地交替运动。

# 核心——背飞

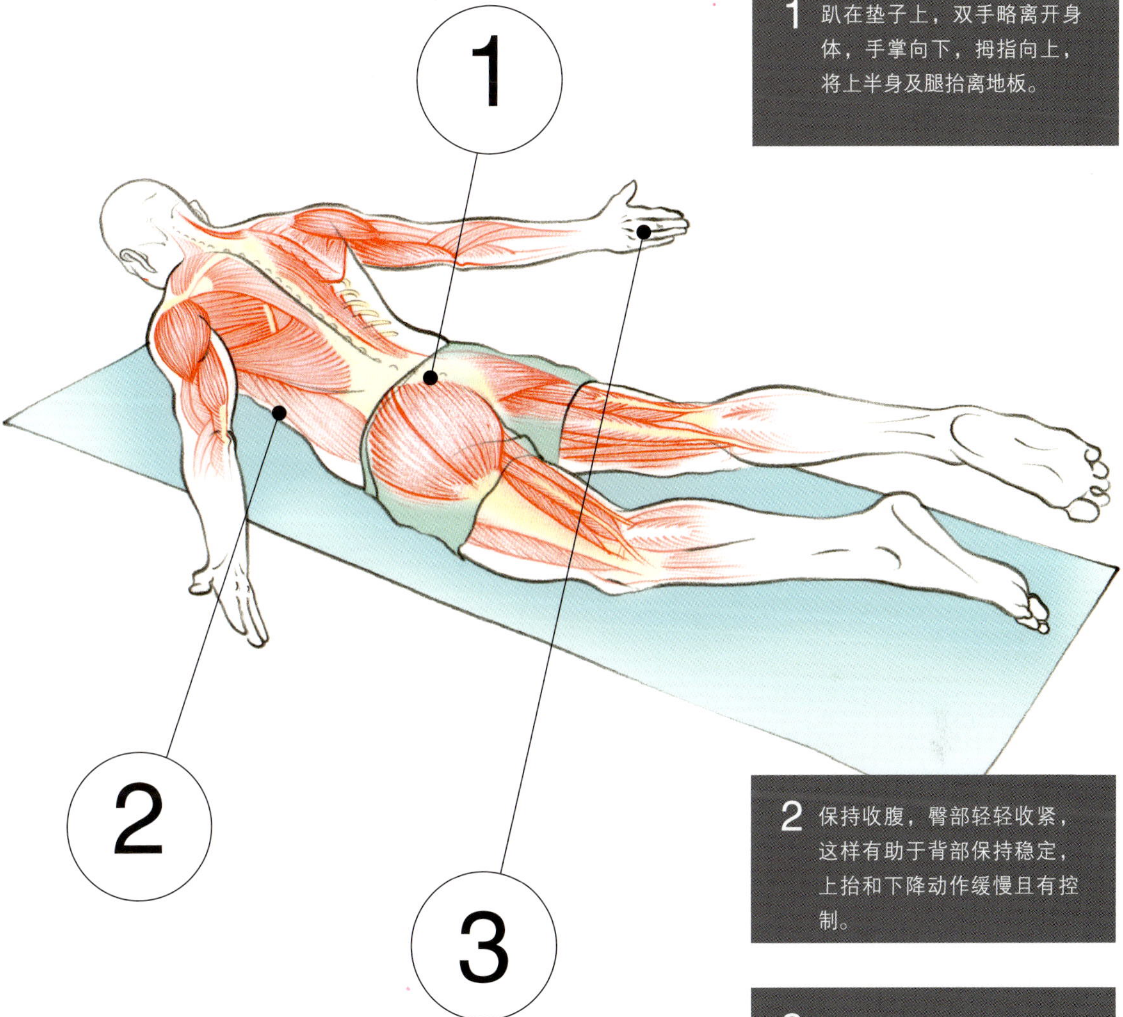


1 趴在垫子上，双手略离开身体，手掌向下，拇指向上，将上半身及腿抬离地板。

2 保持收腹，臀部轻轻收紧，这样有助于背部保持稳定，上抬和下降动作缓慢且有控制。

3 如果想减轻背部的负担，可以双手放在肩下支撑，并用双手推地板。根据你的需要使用双手的力量。

## 使用到的肌肉

主要肌肉：腰背部肌肉。

## 此训练如何提升跑步表现？

这个训练可以增强腰背部肌肉的力量，帮助保持跑步的姿态。跑者有更好的跑姿才会跑得更高效、更快速。

# 核心——髋外展

1 侧卧，用手支撑头部，下方腿屈膝90°置于身体前面，上方腿保持伸直。

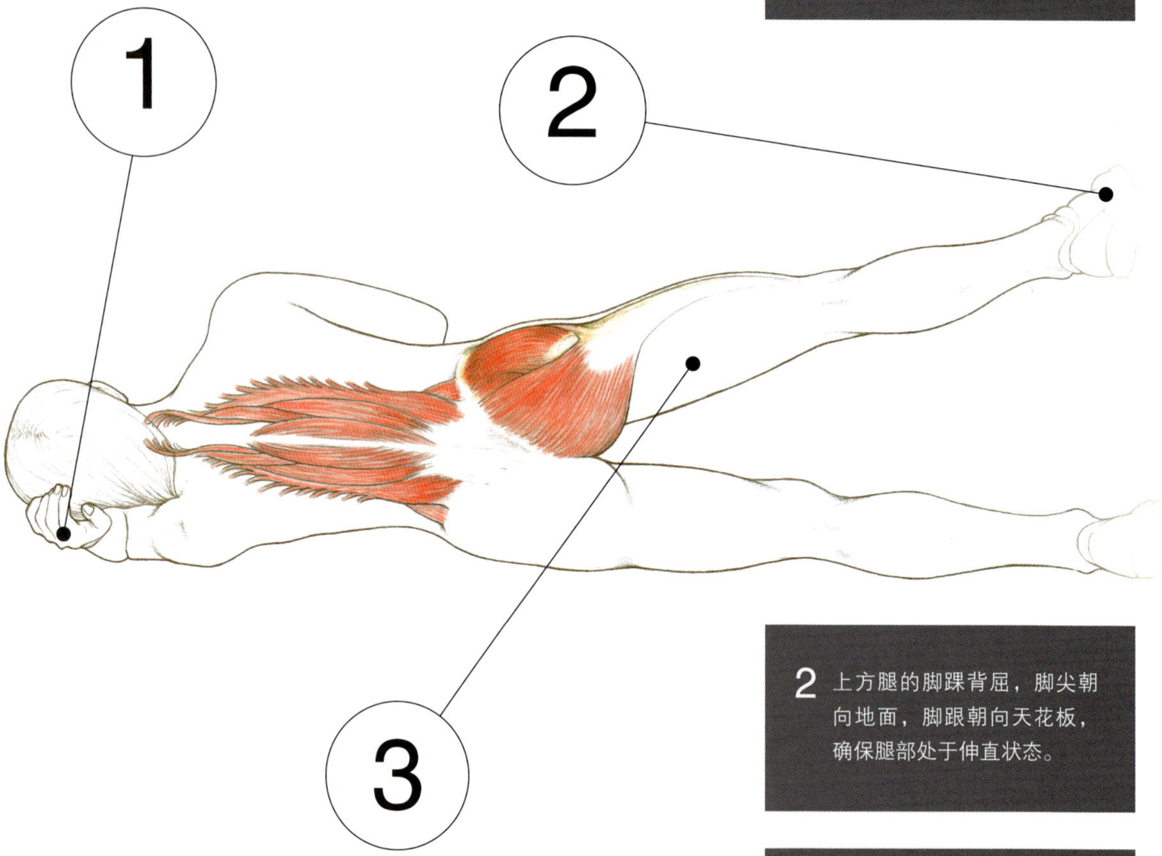


2 上方腿的脚踝背屈，脚尖朝向地面，脚跟朝向天花板，确保腿部处于伸直状态。

3 缓慢地上、下运动上腿10次，然后用上腿顺时针画圈10次，再逆时针画圈10次。重复这个训练2~3次。

**使用到的肌肉**

主要肌肉：臀肌。

**此训练如何提升跑步表现？**

这是针对臀肌的训练，臀肌可帮助稳定髋关节，防止跑步中膝关节损伤。

# 训练计划——初级

每个动作2组，每组8~12次［（核心训练（卷腹、背飞等）×15次］，组间休息1分钟。
平板支撑：坚持30秒（如果身体不能保持平直则减少时间）。

找到合适的负重重量。负重下能坚持完成所有的重复动作，并在动作结束时有力竭的感觉，这就是合适的重量。建议：针对大肌肉群（深蹲里的臀肌与股四头肌）的训练，采用相对较重的负重，而对于小肌肉群（肱二头肌弯举里的肱二头肌）的训练，采用相对较轻的负重。

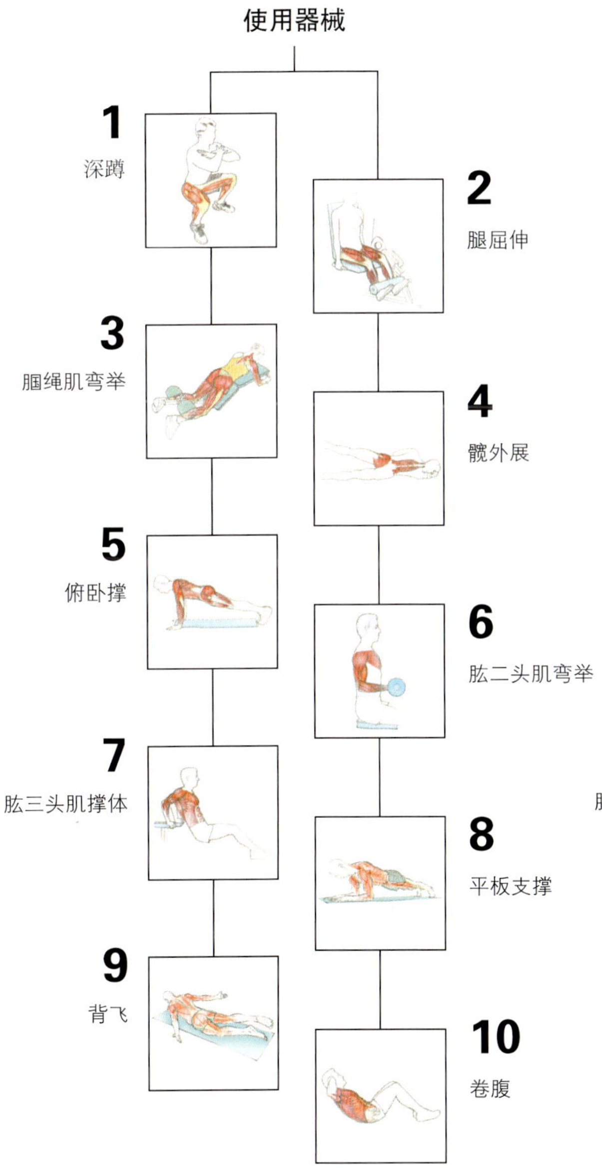


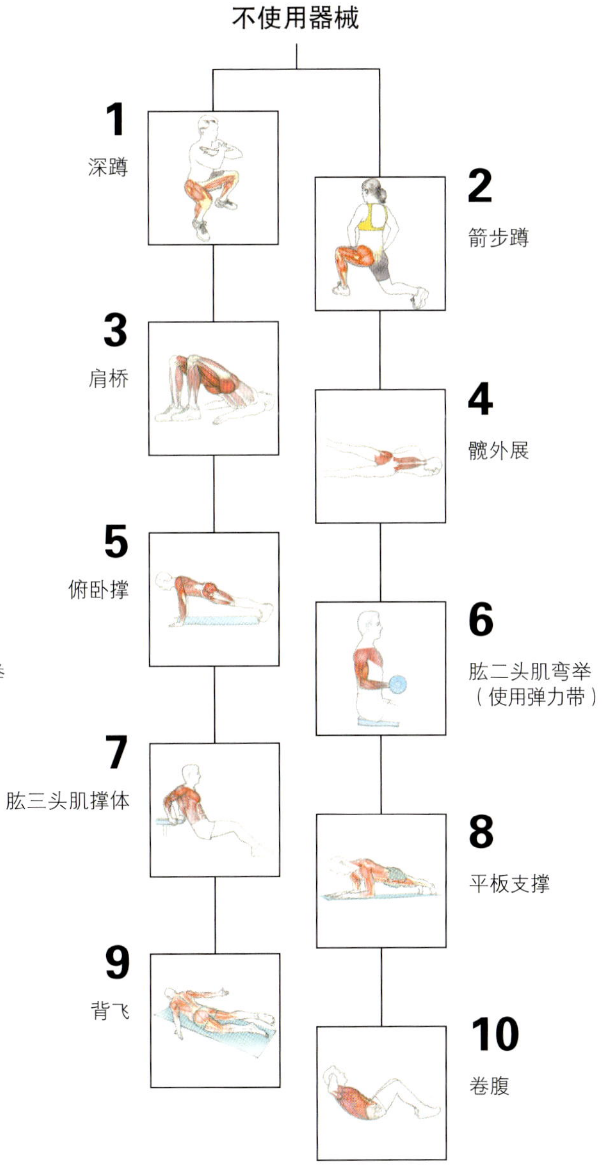

# 训练计划——中级

每个动作2组，每组10~15次（核心训练20次）。
平板支撑：坚持45秒（如果身体不能保持平直则减少时间）。

找到合适的负重重量。负重下能坚持完成所有的重复动作，并在动作结束时有力竭的感觉，这就是合适的重量。建议：针对大肌肉群（箭步蹲里的臀肌与股四头肌）的训练，采用相对较重的负重，而对于小肌肉群（俯身划船里的肩部肌肉）的训练，采用相对较轻的负重。

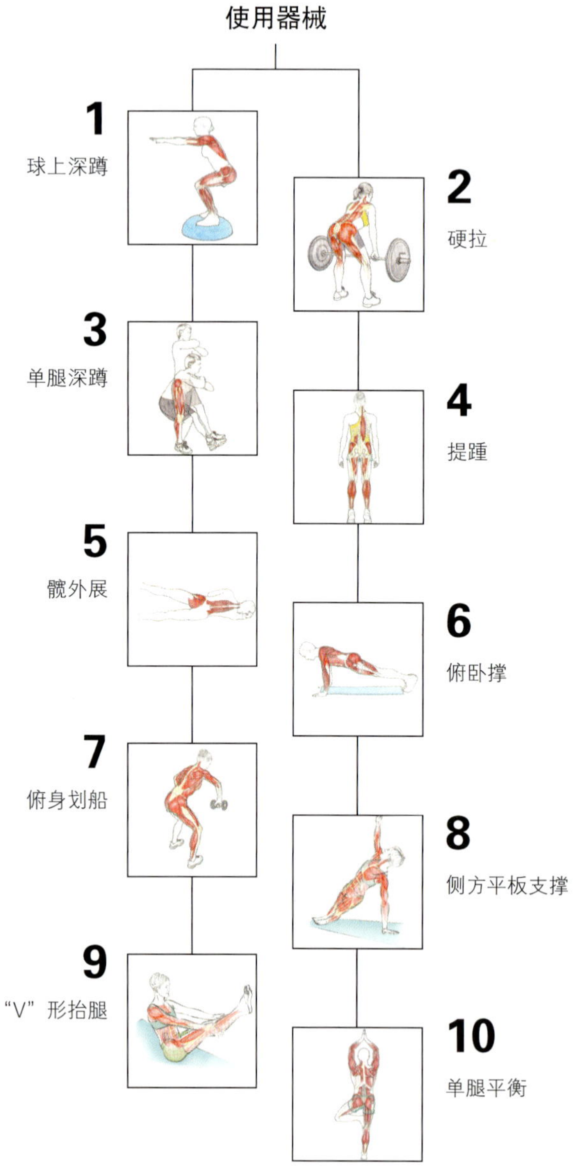


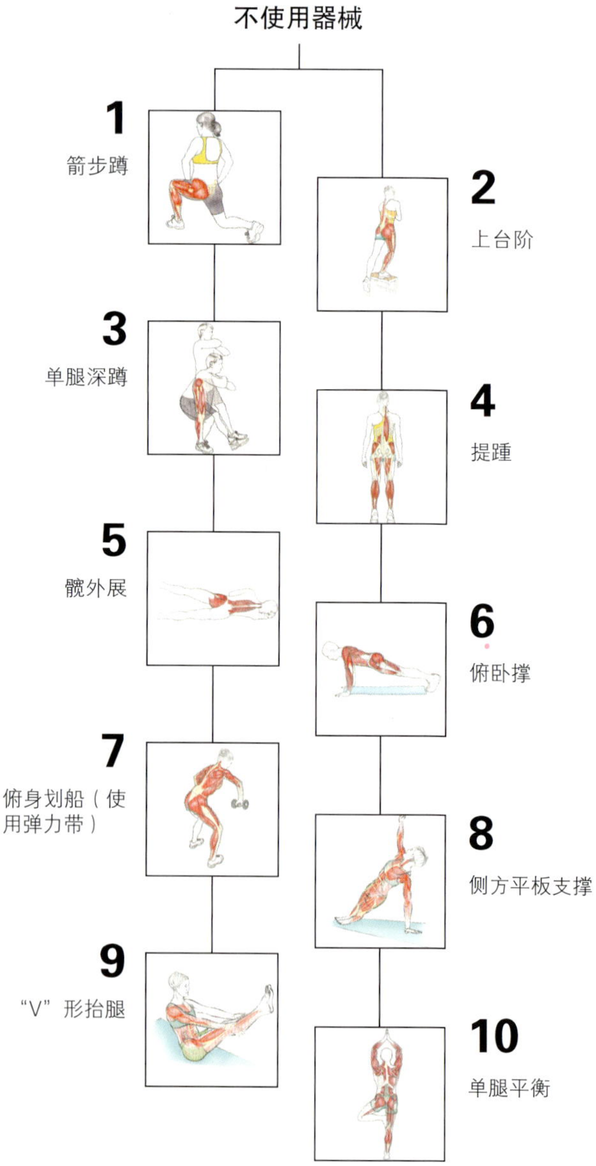

# 训练计划——高级

每个动作3组，每组12~15次（核心训练30次）。

平板支撑：坚持1分钟到1.5分钟（如果身体不能保持平直则减少时间）。

找到合适的负重重量。负重下能坚持完成所有的重复动作，并在动作结束时有力竭的感觉，这就是合适的重量。建议：针对大肌肉群（箭步蹲里的臀肌与股四头肌）的训练，采用相对较重的负重，而对于小肌肉群（俯身划船里的肩部肌肉）的训练，采用相对较轻的负重。

使用器械

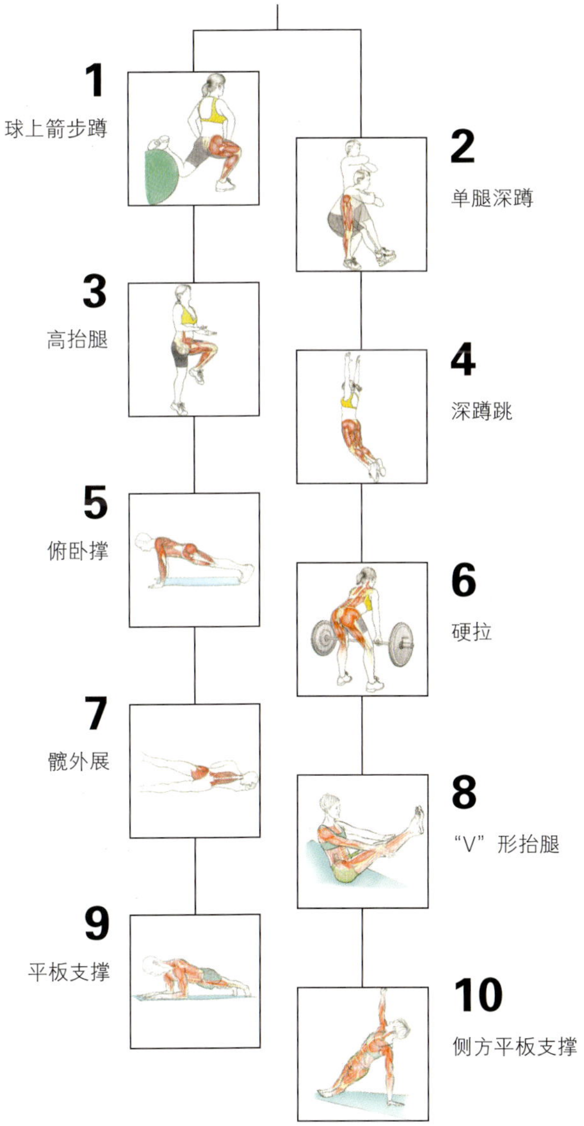


不使用器械

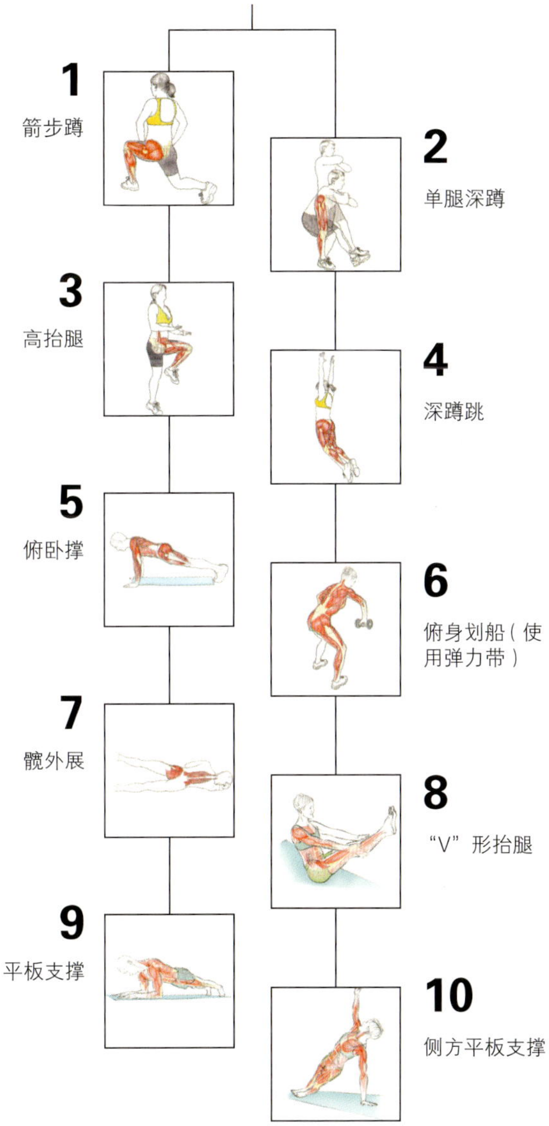

# 饮食营养

// 更健康 // 更均衡 // 更有活力

# 基础知识

在任何运动中，食物和营养都是正确训练的基本要素。把身体想象成一辆车——它可以拥有最强大的引擎，拥有最符合空气动力学设计的外形，但它永远不会在没有燃料的情况下运行。食物就是人体的天然燃料。

食物可以分为4种基本类型：碳水化合物、蛋白质、脂肪和液体。每一种都非常重要，它们赋予身体能量、耐力、抵抗力和自我恢复的能力。每一种元素都是必不可少的，只要合理摄入，并与其他元素保持平衡，对我们的健康和身体绝无害处。

**碳水化合物**是肌肉的燃料，为肌肉提供能量。

**蛋白质**在负荷运动中有塑造、修复肌肉的作用。

**脂肪**为身体提供能量存储，有助于细胞的正常运转和维持体温。

**液体**可以维持体液浓度和排出毒素。

将上述这些元素组合，并根据运动需要及身体反应进行调整，就会为训练和比赛提供所需的正常营养。

根据运动类型和运动量，一个运动员或经常运动的人（每周训练3次，每次训练超过60分钟）的基本饮食是每天摄入3 000~4 500千卡的热量。这个热量可能比你在运动俱乐部听到的或慢跑时聊天听到的要多得多。但请记住，这种饮食并不是为了减肥，而是为了让身体保持最佳运动状态。

如果你在正确的时间吃正确的食物，规划每周的饮食和训练，体重将永远不会是一个问题。你会明白合理饮食（即正确地摄入营养，而不是急于减重）将极大地改善你的生活质量和运动表现。

饮食同运动一样重要。再一次强调，身体就像一辆汽车，需要加最正确的燃料提供最强大的动力。

在拟订饮食计划之前，需要了解以下4个关键步骤。

1. 不要太饿，因为饥饿容易让人选择错误的食物，吞下你能找到的任何东西。每天至少有5餐，并计算每餐的摄入量。
2. 每餐至少吃3种不同的食物，因为单一种类的食物会影响你消化其他你不常吃的食物。选择不同种类的蔬菜、鱼和肉，为身体提供不同的维生素和矿物质。
3. 平衡每餐的食物成分构成。每餐在保证碳水化合物的基础上增加蛋白质和脂肪（每个人所需数量是不同的；但是一个好的基础构成是50%的碳水化合物、30%的蛋白质和20%的脂肪）。
4. 尽量选择纯天然食物。香蕉比能量棒好，橙子比橙汁饮料好。

# 评估饮食

人们往往会被自己的体形所困扰。这是一种正常的感觉，因为媒体每天都在给我们传递这样的信息。在评估理想饮食时，尝试忘掉体形，现实地思考一下想通过运动达到什么样的目标。通过这样做，你就会更加专注于理解规划，并将正确的饮食方法应用到日常生活中。

**第一个问题：你吃早饭吗？**

每天早上要吃早饭。如果早起训练，试着比平时提早半小时醒来，以确保有时间吃早饭。如果无法早起，那就在前一天晚上多吃点碳水化合物，第二天早上再吃点零食来补充能量。训练前1小时吃点东西很重要，因为这可以保持体内血糖含量，而肌肉则能利用夜间储存的能量。

避免高蛋白早餐。记住，每顿饭都应该以碳水化合物为基础。理想的早餐食品的搭配有下列几种。

- 麦片粥配干酪或乳清奶酪，加一点坚果。
- 在一碗谷类食品中加一杯牛奶或酸奶，再加一根香蕉和一些葡萄干。记住，全麦麸谷物对肠道有压力，是不适合训练和比赛的。也要避免食用糖衣谷物。
- 一份由两片全麦面包和60克烟熏鲑鱼组成的三明治（可以加一些淡奶油干酪），以及一个橙子或一杯橙汁。
- 什锦酸奶和一份水果。

如果你觉得需要增加咖啡因，请随意饮用，因为它不会干扰训练（尽管它会使一些人产生胃酸）。每个人都是不一样的，这就意味着要通过每天校准和测试来找到适合自己的摄入量。

**第二个问题：你在训练后吃零食吗？**

记住，训练后的吃吃喝喝是补充肌肉能量的唯一方法。根据训练间隔及训练强度，你可以选择吃哪种零食，这是肌肉吸收和储存更多糖原的时刻。

有两个选择：要么选择低血糖指数（GI）的零食，要么选择高GI的零食。GI是glycemic index的首字母缩写，是衡量碳水化合物对血糖含量影响的一个指标。碳水化合物可以缓慢地释放到血液中（低GI），也可以快速地释放到血液中（高GI）。虽然对于糖尿病人来说控制GI很重要，但这并不是大多数运动员真正担心的事情。你必须明确从饮食中选择血糖恢复的类型。

如果一天内训练2次，或者在第二天早上训练，那么会需要高GI恢复，选择像玉米片、白面包、西瓜或烤土豆这样的食物。另外，有研究表明，由于糖的释放速度较慢，从长远效果来看，低或中等GI食物，如水果、蔬菜、全麦面包、意大利面、牛奶和酸奶等释放糖类更有效。

记住，在训练后吞下大量的蛋白质奶昔几乎是无用的。

肌肉主要依靠碳水化合物补充能量，只需要一些蛋白质来恢复紧张的肌肉并帮助新的肌肉生长。

**第三个问题：你白天会觉得饿吗？**

如果确实有饥饿感，就需要调整计划避免这种现象。根据经验，事先计划正餐和零食，确保每天所需的食物，以此安排几天内的饮食。

理想情况是，在离开家前吃一顿丰盛的早餐，不超过4小时的时候吃一些零食（大多数人在10~11点吃）；然后吃午餐（最好在前一天晚上准备好，避免饿的时候饥不择食），3~4小时后，再吃一份零食；然后是丰盛的晚餐（尽量避免意大利面、米饭和面包，除非是比赛当天或者比赛前一天晚上），最后是晚上的零食。

**第四个问题：你在训练中感到疲劳吗?**

在训练中疲劳可能有不同的原因。

- 糖原存储较低。糖原已经被燃烧尽了，只能用蛋白质和脂肪作为燃料，使大量的酮体涌入大脑。这时，应该在训练前、训练后摄入大量的碳水化合物，使肌肉尽可能多地储存糖原。
- 脱水。脱水意味着身体不能正常降温，这会危及人体细胞的健康，使二氧化碳和乳酸的排出变得更加困难。

# 碳水化合物

你一定听说过碳水化合物会使人发胖，但这种说法是不对的。脂肪使人发胖，碳水化合物是必需的基本燃料，只有摄入足够的碳水合物，肌肉才有足够的能量。在运动饮食中，碳水化合物是营养需求中的绝对必需品。

碳水化合物可分为2类：简单的和复杂的。简单的碳水化合物是单糖（单糖分子：果糖、葡萄糖和半乳糖）和双糖（双糖分子：蔗糖、乳糖、麦芽糖）。水果和蔬菜含有许多不同种类的碳水化合物，这也是饮食中应该包括各种各样的蔬菜和水果的原因之一。

在消化过程中，胃会将糖和碳水化合物转化为葡萄糖，然后再转化成一种叫作糖原的聚合物（由5个或更多的糖分子组成的链）。糖原储备是能量水平的关键。糖原储存在肌肉和肝脏中，为训练和比赛提供适量的能量。

肌肉中储存的糖原可以作为能量使身体活动及肌肉训练，同时肝脏中储存的糖原可以提供缓慢释放的糖进入血液，保证大脑中糖量的恒定。这很重要，因为大脑中的糖分会极大地影响你的表现。

“撞墙期”是许多职业运动员在职业生涯中都会碰到的。在这个时间节点，你会确信你将无法完成目标。“撞墙期”不是一个形而上学的概念，简单地讲，在这个时刻大脑里没有足够的糖。肌肉和肝脏中储存大量的糖原，可以有效地帮助你避开“撞墙期”。

那么不同糖之间的主要区别是什么呢？精制糖、软饮料和能量饮料只提供能量供应，蔬菜和水果将提供不同数量的葡萄糖、维生素和矿物质，这些都有助于激发身体以正确的方式运转。

经常吃自然状态的食物。像全麦面包、糙米、糙面，这些未经精细加工的食物比精细加工过的食物提供的营养元素更全面，更有营养价值。同样的概念也适用于烹饪过的碳水化合物——最好少加工蔬菜，这样就能更好地保留其中的维生素和矿物质，以及糖和淀粉。这就引出了一个非常重要的问题，肌肉不仅需要通过运动来训练，还需要让它们尽可能多地储存糖原。但怎么才能做到呢？通过正确的方式、方法摄入正确量的碳水化合物。

在训练过程中，不停地操练肌肉会使它们生长并变得更强壮。与此同时，通过向它们提供适量的碳水化合物，会使它们储存更多的糖原。

100克未经训练的肌肉只能储存13克糖原，但同样质量的训练过的肌肉可以储存大约32克糖原，而受过专业负荷碳水化合物训练的肌肉可以储存35~40克糖原。不用说，后者的肌肉运动表现更好、更长久。

# 常见碳水化合物种类

**1** 未经加工提炼的食物比精制的食物有更好的营养价值，例如糙米、全麦面包、糙面、爆米花（无黄油）、燕麦粥、生水果和蔬菜等。

**2** 确保每天吃的任何一餐都是以碳水化合物为基础的。试着以前面提到的碳水化合物、蛋白质与脂肪的比例（50：30：20）来作为参考。

**3** 尽可能增加食物种类。最好的方法是用颜色来规划饮食（绿叶菜或花椰菜，番茄、辣椒、胡萝卜、橘子、苹果、蓝莓等）。

**4** 确保训练前后都有足够的碳水化合物维持体内的血糖水平。一旦糖原耗尽，身体就开始燃烧脂肪补充能量。虽然这样可以减小胃口，但要记住这样的过程对你的表现是有害的，因为这样会使大量酮体被输送进大脑，加重疲劳感并影响情绪。

# 蛋白质

让我们从驳斥另一个误区开始：蛋白质并不能让你变得更强壮，运动才可以。对于像“蛋白质”和“氨基酸”这样的词，总是有一种神奇的光环，被认为是肌肉组织的神秘成分。其实，它们没那么神秘。

蛋白质在身体里有许多不同的角色。它们帮助生长新的肌肉，修复因运动而受到压力的肌肉，促进头发和指甲的生长，也是免疫系统的动力。最重要的是，它们有助于红细胞的代谢。以蛋白质为基础的饮食是无用的。喝蛋白质奶昔，吃太多的蛋白质，或者用鸡胸肉填饱自己，这些都会导致不良的结果。摄入过量蛋白质可能是无用的，甚至会适得其反。身体只能储存一定数量的蛋白质或氨基酸，如果超过这个量，它们要么在身体力竭时燃烧以获得能量，要么以糖原或脂肪的形式储存起来（如果和碳水化合物相比，这算很少的能量）。如果你的饮食中含有过多的蛋白质，你会面临两个主要的问题。

1. 它会阻止你摄入适量的碳水化合物，降低你肌肉中储存的能量。
2. 它会分解成尿素，一种要通过尿液排出体外的有机化合物。吃太多蛋白质的人需要增加他们的液体摄入量，以尽可能多地排出尿素，从而导致频繁地上厕所。

摄入过多的蛋白质，会增加摄入过多脂肪的机会（通过肉类和调味品），身体会储存这些脂肪。每位运动员所能消化的蛋白质量各不相同，根据经验，为每天每公斤体重1.2~1.6克。这通常少于你每天从肉类、鱼类、奶制品或豆类中摄入的蛋白质的量，理想的摄入量将是每天150~200克，再加上每天从两份低脂奶制品（牛奶、酸奶和干酪）中获得的蛋白质。

肉可分为3种：白肉、红肉和鱼肉。在你的每周计划里，理想的运动饮食应该包括各种肉类。

- 鱼类是最好的选择，因为它含有的脂肪是不饱和酸（还含有著名的ω-3），因此相比于肉类和奶制品中常见的饱和脂肪是更好的选择。
- 白肉比红肉更可取，因为它通常含有较少的脂肪（最好是鸡胸肉、剥掉皮的腿肉和鸡腿）。
- 瘦红肉虽然不是最健康的选择，但每周也应该吃三四次。因为红肉含有铁和锌，铁是血红蛋白的重要组成部分，血红蛋白是一种将氧气输送到肌肉和大脑的蛋白质。如果身体缺少适量的铁，就会感到疲惫。锌是一种矿物质，运动的时候，它在去除肌肉中的二氧化碳方面起了很大的作用。比较好的红肉是鹿肉，因为它含有较少的饱和脂肪。

日常饮食可选择食用低脂奶制品。半脱脂牛奶和酸奶接近理想的摄入量百分比（它们含有40%的碳水化合物，35%的蛋白质，25%的脂肪），因此是一种完美的零食。这是一种简单的补充蛋白质的方法，同时也提供维生素D和钙，以及适量的钾、磷和核黄素。钾和磷可以帮助身体里的钙代谢，从而增强骨骼，而核黄素是一种维生素，可以帮助身体将食物转化为能量。

# 常见蛋白质种类

**1** 优先选择食用鱼肉，其次是红肉、白肉，但要确保每周食用3种肉。

**2** 每餐中都要有蛋白质。

**3** 可以在食物中找到所需要的所有蛋白质——不需要使用蛋白质奶昔、能量棒或药片。

**4** 保证每天至少吃1次低脂奶制品，最好是每天2次。

**5** 不要过多摄入蛋白质，并没有什么效果。

# 脂肪

在饮食中，脂肪和其他食物元素一样重要。脂肪有助于体温的调节，有助于皮肤和头发的健康，并为内脏提供安全保护层。

最重要的是要知道吃什么样的脂肪，吃多少。脂肪可分为硬脂肪和软脂肪。硬脂肪是以肉、猪油、鸡皮或黄油的形式出现的脂肪，而软脂肪是以橄榄油或菜籽油的形式出现的，饮食中应该多食用软脂肪。

正如前面提到的，由脂肪提供的热量应该占饮食的20%。切记一定要远离氢化反式脂肪，这是一种非常不健康的化学合成物，是单一不饱和脂肪及多元不饱和脂肪氢化过程中氢化反应不能完全进行而形成的。

在休息期不要害怕吃脂肪。许多人认为，如果不运动，肌肉就会变成脂肪，就会增重，这是不对的。肌肉和脂肪是身体的两个不同的组成部分，只有摄入量超过脂肪燃烧产生的能量才会增加体重，按前面提到的进食量，这是不可能的。

在健身房里，会看到有人在折磨他们的腹部，希望通过过度锻炼最接近腹肌的部位来减掉大肚腩。可是只有通过全身锻炼、消耗热量，才能减掉多余的脂肪。我们这样说吧：如果想减肥，就需要增加肌肉（全身的肌肉），因为更多的肌肉消耗更多的热量。不要试图通过过度锻炼某个特定部位减肥，这是没有用的。

请记住，脂肪使食物更有滋味，有助于打开味蕾。在努力执行运动饮食计划时，请加入适量的健康脂肪，并尽量享受它吧！

# 常见脂肪种类

**1** 橄榄油是单一不饱和脂肪，是最好的选择。尽量买未加工过的橄榄油，用它来烹制食物。理想的量是每顿饭两汤匙左右。

**2** 坚果——像核桃、杏仁、开心果、夏威夷果、巴西坚果、松仁、橄榄也是摄入脂肪的好选择。它们的大小和脂肪的含量都不一样，所以称重坚果重量是很重要的，这样你就可以知道你大概需要多少。例如，腰果、花生、杏仁、松仁，每餐需要9克，而核桃、夏威夷果、榛子、山核桃和开心果，通常每餐需要7~8克。牛油果和橄榄可以多吃一点（牛油果约18克，橄榄约30克）。

**3** 鱼油也是很好的选择，因为它含有丰富的健康脂肪。然而，很少有人喜欢这种味道，因为它而浪费一整顿饭就太可惜了。

# 液体

水是生命的基础。身体大部分是由液体组成的，任何体液的流失都必须得到迅速的补充。

水的作用：

- 它能保持血液的正常流动，有助于输送氧气、葡萄糖和脂肪，同时消除二氧化碳和乳酸。
- 它可以保持体温，在身体过热的时候，通过吸收肌肉中的热量而出汗，降低血液及皮肤温度，不使器官过热，这样有助于保持身体凉爽。

口渴是我们身体觉察到缺水时最常见的感受，它让我们意识到我们需要补充水分恢复平衡。然而，在运动时，情况就会变得复杂。

在锻炼的时候，有很多变量需要考虑。例如，准备的程度、天气、对目标的专注、良好的训练状态，或者正是因为身体里的水，才不觉得热。但请记住，在运动的时候，当身体失去了大约1%的液体时，大脑会提示“口渴”，然而此时再给自己补充水分可能就太晚了。这时，心跳会过速，燃烧过多的糖原。如果身体失去2%的液体，就会处于脱水状态。当失去3%的液体时，继续锻炼，就可能会对身体有害。

补充水分的秘诀就是要像规划饮食一样，按计划饮水。评估整个训练过程中损失的液体量，在训练前和训练后饮水前称重，两者的差值就是损失的液体量。尿液应该一直是淡黄色的，如果尿液颜色变深或者浓度变大，就意味着代谢废物太多，而水相对较少。

如果缺水，身体需要在8~12小时前补充水分才能完全恢复，所以在日常生活和训练中都要计划好饮水量。出汗不仅会失去液体，还会失去诸如镁、钾、钠和钙等电解质。

在训练之前一定要补充充足的水分，按每公斤体重饮用5~8毫升水计算。可以在饮料中加入少量食盐，或者选择含钠的饮料，因为钠有助于保持体内的水分。

如果需要快速补充水分进行第二次训练（在第一次训练后的12小时内），可以在训练后的食物和饮料中加入钠。比运动中损失的液体量多饮用30%~50%的水就可以使身体补充充足的水分。

尽量避免饮酒。酒精极易引起脱水，因为它是一种强有力的利尿剂，会使身体丢失更多液体。还要记住，酒精是一种抑制剂，它在抑制情绪的同时会降低运动表现。

# 赛前及赛后的规划

## 在比赛之前

在比赛的前几天，训练应该逐渐减少（参考第144、147页），这是因为肌肉需要时间从训练中恢复。在这段时间里，减少训练负荷的时间，重建肌肉中的糖原储备，补充水分，补充蛋白质修复肌肉。

把赛前训练当成比赛前的最后一次训练。有些人认为比赛前一天晚上用意大利面填饱肚子就足够了，事实并不是这样，比这要复杂得多。

在训练期间，肌肉学会储存大量的糖原，以便在每次训练中都有良好的储备。如果知道方法的话，越训练肌肉，就能储存越多的糖原。

赛前一两周起，每天逐渐增加大约100克的碳水化合物。比赛的前一天，要从早餐开始就补充碳水化合物。

每个运动员对比赛的反应都是不同的。有些人在前一天晚上吃顿丰盛的晚餐没有问题，但有些人会因为兴奋或担心而难以消化。因此，要从前一天早餐开始给自己补充碳水化合物。

而且，如果吃晚饭，要摄入尽量多的碳水化合物种类。面食本身就可以起到作用，但要记住，水果和蔬菜含有缓慢释放糖的碳水化合物，它们会帮助你在第二天保持耐力。避免食用麦麸或任何你知道可能导致胃部不适的东西。

每一项运动都有它的优点和缺点，就补充液体而言，骑自行车的人会说，他们可以随身携带液体而不浪费时间；而对于游泳者来说，一旦比赛开始，就不能摄入液体。跑步介于这两种运动之间。在组织良好的比赛中，很少需要携带任何液体，因为这些都将由沿途的常规休息站提供。然而，总是得事先了解这些站点的情况和提供液体的类型。宁可携带一瓶饮料，也不要在跑步过程中减少水分的摄入。

训练时的选择范围则大了很多，你可以在跑步时携带任何你需要的东西。除了随身携带，你还可以沿着有饮用水提供点或商店（买饮料花不了多少时间）的地点设计规划跑步的路线。

比赛当天早上，根据比赛开始的时间，可以遵循以下几点方法。

- 确保早上醒来时保持适当的液体平衡，可以很容易地通过尿液的颜色来判断。
- 喝一大杯水并吃早餐；如果比赛时间较早而不能吃早餐，那么一定要在比赛前1小时摄入一些碳水化合物。这会使肝脏在整个比赛过程中都能产生足够的糖分，并将其输送到大脑。
- 在比赛前1~2小时喝水，这样你就可以在比赛开始前把多余的水排出体外。

## 在比赛结束后

在比赛结束后，身体需要恢复糖原和液体平衡。好好利用赛后的第一个小时，这是身体吸收营养的最好时期。

含有少量蛋白质的碳水化合物是最好的选择，既可以将糖原送到肌肉，同时又可以减少皮

质醇的释放。皮质醇是一种在运动中分解你肌肉的激素。

根据距离下一场比赛的时间长短，你必须找到正确的方法来完全恢复肌肉和液体。

不同的运动员根据自己的经验，选择不同的解决方案，最主要的是制订一个好的营养计划。如果要参加一系列比赛，那就需要从前一周开始计划饮食，以便在赛事之间快速恢复。

如果要完成两个连续的赛事，为了在第一次比赛后身体状态能马上恢复，用高GI的碳水化合物和液体补充，不仅可以恢复液体，还可以恢复电解质（一些运动饮料可以做到这一点）。尽量多喝水，根据尿液的颜色来判断补充液体的情况，并在运动后比较体重。如果碰巧两天要完成多场比赛，请记住，低GI碳水化合物对于长期补充体能更有效。

如果比赛后有恢复的时间（1周），那就慢慢地调整液体平衡，一点点补充碳水化合物及蛋白质。简单地说，可以按照赛前的饮食计划重新开始。

# 食谱

## 燕麦、意大利乳清干酪和开心果

**成分**

- 50克燕麦片
- 140 克意大利乳清干酪
- 8~10 个去壳开心果
- 少量的盐或蜂蜜

**准备工作：**根据自己喜欢的浓度用水煮燕麦片。将煮熟的燕麦片、意大利乳清干酪和开心果混合装在碗里，依据个人口味加入少许盐或半匙蜂蜜。这是一份完美的、均衡的零食，它将蛋白质，碳水化合物和脂肪结合在了一起。

## 蓝莓核桃干酪

**成分**

- 220 克蓝莓
- 1 匙果糖
- 70 克低脂干酪
- 3 个核桃

**准备工作：**在平底锅中小火加热蓝莓，加入果糖和少量水，然后轻轻搅拌，直到蓝莓变软。把干酪放在碗里，把蓝莓倒在上面，撒上碎核桃，就是一份完美的零食。

## 塞馅鱿鱼

**成分**

- 1 只大鱿鱼(处理后200克，保留触须)
- 2 匙切碎的欧芹和少许切碎的大蒜
- 250克新鲜的全麦面包或全麦面包屑
- 30克磨碎的帕尔马干酪
- 1 匙橄榄油

**准备工作：**保持鱿鱼完整。填充物：将触须剁碎，加入欧芹、大蒜、新鲜面包屑和帕尔马干酪，放入碗中。用手碾碎混合物，并根据需要加入水和橄榄油。用填充物装满鱿鱼，然后用牙签把它封闭起来。把它放进烤箱烤30分钟，用剩下的填充物涂抹鱿鱼。再配上沙拉或一份切好的水果。

## 无油版佛罗伦萨蛋

**成分**

- 300 克菠菜
- 白葡萄酒醋
- 35 克干酪
- 2片烤好的全麦面包
- 2 个水煮蛋
- 盐和胡椒粉
- 磨碎的帕尔马干酪或切碎的软车达干酪

**准备工作**：将菠菜煮至微软。将一匙醋和干酪混合，搅拌。把菠菜放在两片烤面包上。将煮熟、沥干的水煮蛋放在菠菜上面，然后把之前搅拌好的奶酪倒在鸡蛋上。撒上盐、胡椒粉和磨碎的帕尔马干酪或切碎的软车达干酪。

## 香辣燕麦配烤鸡胸肉（或鹿排）

**成分**

- 3 匙橄榄油
- 1/2个红皮洋葱
- 少许辣椒粉、少许红辣椒、1片月桂叶
- 一瓣大蒜
- 350克生燕麦（谷物）
- 鸡胸肉或120克鹿排
- 欧芹

**准备工作**：在锅里加入橄榄油和3匙水。将洋葱切碎，放入油水中，加入辣椒粉、红辣椒、月桂叶和大蒜，熬煮至金黄色。加入燕麦，稍微翻炒几下，然后加水，煮30分钟。煮的同时，烤制鸡胸肉或鹿排。最后撒上一点切碎的欧芹。

## 新鲜沙拉

**成分**

- 300 克圣女果
- 300 克黄瓜
- 1/4个红皮洋葱，用温水和1匙醋软化
- 300 克低脂希腊酸奶
- 2 匙橄榄油
- 盐和胡椒粉
- 少量的香葱和小茴香
- 辣椒粉

**准备工作：**将圣女果切成两半，黄瓜切片。将圣女果、黄瓜、红皮洋葱和希腊酸奶在沙拉碗里混合，加入橄榄油、盐和胡椒粉，并根据口味撒上香葱、小茴香和辣椒粉。这道菜既完美且简单易做。

## 炖鹿肉

**成分**

- 140克鹿肉丁
- 盐和黑胡椒粉
- 1 匙切碎的新鲜百里香
- 3 匙橄榄油
- 1 个切碎的洋葱
- 300 克切碎的芹菜
- 120 克切碎的胡萝卜
- 1 匙切碎的大蒜
- 200 克切碎的番茄
- 150 克切碎的红辣椒
- 2 片月桂叶
- 1 杯红酒
- 1片烤好的全麦面包

**准备工作：**在搅拌碗里，用盐和黑胡椒粉、一半的百里香和少量的橄榄油腌制鹿肉。在一口大锅中加入剩下的橄榄油，调大火。当油烧热时，将鹿肉放入锅中，烧制2~3分钟，适当翻炒。然后加入洋葱，炒4分钟。加入芹菜和胡萝卜，用盐和黑胡椒粉调味，翻炒4分钟。加入大蒜、番茄、红辣椒、剩余的百里香和月桂叶。蔬菜中的水分蒸发后，加入红酒。如果需要，可以加入适量开水。水烧开后，盖上锅盖，转小火慢炖。炖45分钟至1小时，直到鹿肉变软。如果水分蒸发过多，可以多加一点水。最后用浅碗装盘，旁边配一片烤好的全麦面包。

## 檬鲽配小茴香橙子沙拉

**成分**

- 1 匙海盐
- 1 匙烟熏辣椒粉
- 1 匙粗肉桂粉
- 小茴香
- 2 匙橄榄油
- 1 条200克的檬鲽

**小茴香橙子沙拉**

- 2 个小茴香头，切成薄片
- 1/2 个红皮洋葱，切成薄片
- 6个黑橄榄，切成薄片
- 1 个橙子，切成4瓣
- 2 匙橄榄油

**准备工作：**烤箱190℃预热。将海盐、烟熏辣椒粉、粗肉桂粉和小茴香混合在一起。将香料混合物涂在檬鲽的表面。在烹饪用的锡箔上轻轻涂抹少许橄榄油，然后放在烤盘里。把檬鲽放在锡箔上，然后合上锡箔，将两边折起封边。根据个人口味烤10~12分钟。与此同时，准备沙拉。把小茴香头、红皮洋葱、橙子和黑橄榄薄片放在碗里，然后搅拌。把鱼放在沙拉上面，把剩下的橄榄油洒在上面。

## 希腊沙拉

**成分**

- 100 克莴苣
- 1/2 个红皮洋葱，放在温水中使其变软
- 6 个黑橄榄
- 200 克番茄
- 200 克黄瓜
- 90 克菲达奶酪
- 2 匙橄榄油
- 牛至或罗勒
- 1/2 个柠檬榨汁
- 盐和黑胡椒粉

**准备工作：**将莴苣、黑橄榄、番茄、黄瓜和菲达奶酪切成小方块，将红皮洋葱切成薄片，放在一个大的沙拉碗里混合在一起。将橄榄油、牛至或罗勒、柠檬汁、盐和黑胡椒粉混合在一起倒入，拌一拌就可以享用了。

## 意大利肉酱面

**成分**

- 2 匙橄榄油
- 1/2 个白皮洋葱，切碎
- 1 根胡萝卜，切碎
- 2 根芹菜，切碎
- 75 克瘦肉馅
- 1 杯红酒
- 400 克番茄
- 100 克棕色意大利面
- 帕尔马干酪碎

**准备工作：**在一个大的平底锅里加入橄榄油和2匙水，中火加热，将白皮洋葱煮至变软变黄。然后加入胡萝卜和芹菜，煮至变软。当蔬菜煮熟后，中火加热，加入瘦肉馅，煮4分钟，直到几乎变成棕色，然后用叉子不停地分散肉团。最后加入一杯红酒，快速加热约5分钟收汁。加入切成小块的番茄，不停地翻炒直到番茄开始变得软烂。盖上锅盖慢炖45分钟，偶尔搅拌一下。与此同时，在平底锅里，根据包装说明煮熟意大利面，然后沥干水分。在热的意大利面上立即浇上酱汁，撒上大量帕尔马干酪碎。

## 鱼肉蔬菜饭

**成分**

- 4 匙切碎的欧芹
- 2 或3个红辣椒，切碎
- 2 或3瓣大蒜，切碎
- 盐和胡椒粉
- 150~180 克白鲑鱼片
- 2 匙橄榄油
- 2 个洋葱，切碎
- 300 克番茄，切碎
- 3 根胡萝卜，切片
- 1/4 个的卷心菜，切块
- 1/2 个茄子，切丁
- 60 克大米

**准备工作：**将切碎的欧芹、红辣椒、大蒜与盐和胡椒粉混合在一起，涂抹在鱼片上。在一大口深锅里加入橄榄油，中火加热，将鱼片放在热油上两面煎一下，然后装在盘子中。将切碎的洋葱放入热油中，煎炒，直到洋葱开始变成棕色（5~7分钟）。加入番

茄搅拌，直到番茄变软，降低火力。加入一些水，然后加入胡萝卜、卷心菜和茄子，用小火炖至蔬菜煮熟但不煮烂。加入之前煎好的鱼片，再炖15分钟左右。然后把鱼片、蔬菜和大约1杯的肉汤放在盘子里，盖上盖子，放入烤箱。将剩下的汤收汁变稠，过滤里面的残留物。然后在汤里重新加入4杯水，烧开，加入米，加入少量的盐和胡椒粉调味。降低火力至小火，盖上锅盖，煨20分钟至米熟透。把鱼片放到米饭上，搭配蔬菜一起食用。

**换种做法：**你也可以使用整条鱼来做这道菜。任何结实的白肉鱼都可以。也可以试试蜗牛肉（是最好的低GI肉类）。其他蔬菜也都适用这道菜，木薯、马铃薯、青豆、西葫芦、红花菜豆或辣椒都可以。

## 鸡汤米粉

**成分**

- 1 只鸡，整只带皮（最好是用谷物饲养的鸡），切块
- 1 个洋葱，切碎
- 1 根芹菜，切成两段
- 盐和胡椒粉
- 1 匙味噌酱
- 姜块
- 100 克米粉
- 1 匙切碎的大蒜
- 2 匙切碎的新鲜的欧芹叶或香菜
- 1 个酸橙

**准备工作：**把切块的鸡肉、洋葱和芹菜放在一个大锅里，然后加入冷水、盐和胡椒粉，煮沸。煮大约1小时，然后再把鸡肉取出来，选择你需要的量（这个量取决于自己吃还是煮给别人吃），过滤油脂后，放到一个小锅中。将味噌酱和2块姜加到汤里，煮沸5分钟。加入米粉，再煮大约4分钟。关火，将米粉装入一个汤碗里，碗里提前放好之前煮好的90克去皮鸡肉。最后加点欧芹叶或香菜，并挤点酸橙汁。

# 训练方案

// 制订计划 // 赛前训练 // 准备比赛

# 基础原则

这部分的内容包括10公里、半程马拉松和全程马拉松的训练方案，以及每种训练方案所需的目标时间，因此在这里你能找到最适合自己跑步的标准和目标。如果你想要去跑步，但你发现在最开始有太多会令人退缩的挑战，这里也包括跑走的训练方案。从这个训练方案开始是非常好的，可以使你的体能逐渐增强。

首先，需要注意的是一个训练方案不会从头到尾都适合你。你做的训练越多，你将越会发现什么样的训练适合你，什么样的训练不适合你。例如，如果你发现一周4~5次的公路赛跑使你的肌肉酸痛加重，并且造成损伤，那么你可以把其中一次的公路赛跑换成越野赛跑，或者把你的一个间歇跑换成去健身房做一堂动感单车的训练课。

其次，你不应该太过于拼命地去完成训练方案。虽然，严格执行训练方案能获得最好的结果，但是在这一周期的训练过程中，要想完全不出现生病或者是小的伤痛，是非常少见的。这些伤痛或者是生病在暗示着，你应该要去反思和评价你所做的这个选择。你应该灵活地，并且做好准备去适应训练方案中的新情况。为了从你的训练当中获得最好的生理效益，你需要严格执行训练。跑步中出现的伤痛，将会使你的恢复时间延长，并且会使你草草地结束训练，错失训练更进一步的阶段。同样，如果你生病了，或是有了伤痛，不要尝试着在你恢复之后，用1周的大强度训练去弥补你之前所错失的；因为这会使你的身体非常容易疲劳，然后你会再一次草草地结束，并且在长期的训练中错失更多。

恢复时间在一个训练方案中是至关重要的。在你训练的前、中、后期，拥有充足的睡眠是非常关键的（“充足”对每一个人来说都是不一样的，所以要听从你的身体）。同样，恰当的营养和水分也是非常重要的。对优秀的运动员来说，休息和恢复与训练一样重要。对大部分人来说，在工作、家庭和社会责任中拥有恢复时间是非常困难的，所以应尽可能地把恢复时间安排进每周的日常生活中。

在选择一个训练方案的时候，许多跑者会犯这样的错误：他们挑选的训练目标高于他们的训练方案。（例如，他们的目标是4小时完成马拉松，却选择一个3小时30分钟完成马拉松的训练方案。）虽然这样做带着良好的意愿，但是这意味着强度太大，运动量太大，受伤、生病或疲劳的概率会很大，这些会导致我们心灰意冷，并更有可能选择放弃。

记住，你的目标需要有挑战性，但也必须是能实现的。为你的训练找一个理由。在你的脑海中是否有一个明确的赛事（如纽约马拉松）或者你是否正在参加一个赛季中的一系列耐力比赛？无论是哪一种，你都应该选出最重要的那一个赛事作为你的目标，这样你可以相应地决定你的训练方案。比方说，一些跑者在同一个月中要参加2次马拉松比赛，但是他们并不明确哪一次是更重要的赛事。在第一场比赛还没有开始之前你应该为第一次的马拉松进行训练，然后在你准备第二次马拉松比赛的时候去评估你的身体感觉怎么样。你应该要在这一个赛季开始之前就做出选择，哪一个是你最重要的赛事，而不是每一场比赛都要竭尽全力。

在开始一个训练方案之前你应该有几个月的时间不进行困难的挑战。利用这段非常好的时间走出去，单纯地享受跑步是

35

非常棒的。不要带上你的心率监测器、秒表或者是GPS跑步手表，就只是去跑步。学会听从你自己的身体，忘掉那些通常来自于设定距离和时间带来的压力，就只是出去享受跑步。这也是一个非常好的机会去发现如何把跑步（和恢复）安排进你每周的日常生活中。

在这个训练方案中有4种基础的跑步模式：长距离慢跑（LSD）、阈值跑、间歇跑和轻松（或恢复）跑。训练方案也包括交叉训练和（或）拉伸训练，同时在最后也包含减量阶段，这样能使你的身体恢复，去更好地准备你的主要赛事。训练方案有一个逐渐上升的公里数和强度，这对于阻止损伤和疾病的发生至关重要。

我们都知道长距离慢跑是为了增加公里数。这种跑步方式是所有训练方案的基础，不训练长距离慢跑，我们所需要的心肺功能基础就得不到增强。然而，如果你只做这种形式的训练，那么你所需要的速度和力量就得不到增强。做这些训练的时候你要想着“训练，不要紧张”，你正建立一个强的耐力基础，正在教会你的身体去利用脂肪储备作为能量源，正增加你的最大摄氧量，并且保持运动强度在你的有氧范围之内。这样的跑步训练能切实地帮助你建立坚韧不拔的精神。

阈值跑是为了让你在越来越长的时间内习惯以最快的速度跑步。这种跑步方式较激烈，使你的身体有能力去启动更多的肌肉纤维，摄氧更快，帮助提高乳酸阈值，改善跑步形式。这段时间中你足够努力的跑步，因此乳酸会不断地在肌肉中堆积，但是你依旧能保持你的步速。乳酸阈值的提高能让你承受更快的速度去跑10公里，并且在半程和全程马拉松的后半部分，当你的心率开始上升的时候，你依旧能保持相同的速度。这种训练也能为马拉松增加心理上的优势，当你以超过你以前马拉松的速度训练了很长一段时间时，你会得到更多的信心。

间歇跑同样有助于增加乳酸阈值，并且使身体不会在长时间的耐力训练中造成更多的损伤。在高强度的训练中，身体将会无氧工作，造成氧负债。在恢复的过程中，身体需要用心肺联合去偿还这些氧负债。在这个时期，训练区间需要向下调整至需氧相。

轻松（或恢复）跑的目的是促进腿部血液循环，利于恢复。这种跑步方式经常在长距离跑步之后使用，它也有助于排出之前堆积的乳酸。

每个训练方案的最后都是一个减量阶段，你参加赛事的跑步距离越长你需要的减量阶段的时间也越长。在你到达终点的时候，你应该是精力充沛的，不会带着来自训练阶段的疲劳，这是非常重要的。一旦你完成一系列赛季训练，并且成功地完成跑步比赛，你将会发现最适合你个人的减量阶段。始终要记得任何适应性的训练都需要持续2~3周才会产生效果，因此尝试去弥补损失的时间，或者在赛前2~3天做高难度的训练而错过赛前减量阶段是毫无意义的。

# 如何使用这些训练方案

## 跑走训练方案

这个训练方案的关键是可克服长距离跑步时会产生的精神上和身体上的障碍。如果你不习惯跑步，那么从这个训练方案开始是非常好的。

这个训练方案开始缓和，逐渐增强，所以在一段时间的挑战之后，你就会开始习惯跑步。不要去想你已经跑了多远，只需保持轻快的步伐，把跑步当作是一件轻松的事情。如果你继续坚持你的肌肉就会生长、变得强壮，为你面前的挑战做好准备。同样你也会惊讶，你对跑步的观点会发生怎样的改变，一个30分钟的、速度较快的跑步将不会让你退缩。

## 如何实施

在跑走训练方案中，数字指的是你跑步和走路分别需要的分钟数；次数指的是这一天中，你需要重复这个循环几次。例如，第1周的第1天的训练方案写着“1和3，×5次”指的是跑1分钟，接着走3分钟，并重复这个循环5次，你总共的训练时间是20分钟。

## 长距离慢跑

完成长距离慢跑的速度应低于你目标跑步速度7%~10%。长距离慢跑的速度太慢会养成不好的跑步习惯，然而，跑得太快又会让你精疲力竭，对其他训练项目感到力不从心。虽然不要跑得太快是非常重要的，但是有一些跑者太过于放松，比规定速度慢太多，还和朋友们聊天，这是不应该的。如果你正在进行的是相当于35公里的马拉松训练方案，长距离慢跑尤其重要。如果你正在进行的是5小时完成的马拉松训练方案，你应该考虑把跑走训练纳入你的长距离慢跑训练中，跑5公里然后在你进行下一次跑步前轻快地走5分钟。在你接下来的跑步中，重复这个循环。

在训练方案中的最长距离跑步需要被认真对待。最好提前看好这个长距离跑的日期，并在你的记事本上标记出这个日期，就像是标记母亲的生日，是绝对不会忘记的。如果有必要的话把日期标注在你回来后休闲和工作的地方，并通过日程表来安排跑步之余的其他事宜。理想的最长距离的跑步应该被安排在马拉松赛事前的2~3周，但是也可以安排在临近短距离跑步赛事时。你最不希望的就是任何跑步训练产生的疲劳留在你的腿上。你的身体越适应越习惯跑步，最后的长距离跑就可以安排在与赛事越接近时。但是还是应该明智地在你最长距离的训练跑与赛事之间留至少2周的间隔。

## 阈值跑

这个训练的主要部分是以阈值步速进行跑步。在阈值步速下，你不能够交谈，并且很快就会气喘吁吁。你的阈值步速应该可以维持20~60分钟。如果你使用心率监测器，那么你应该以你最大心率的85%跑步（参考第48、50页“训练模式”）。阈值跑的形式是指前1/3的跑步阶段为你的阈值步速热身，中间1/3的阶段维持阈值步速，最后1/3的阶段减缓这个速度。例如，一个6公里的阈值跑训练等同于2公里热身并均匀地增加速度，中间2公里维持在阈值速度，最后2公里慢慢地减缓速度。

## 间歇跑（以比赛的速度山坡跑）

山坡跑训练能够很好地增强你腿部的力量（和意志力），它也是一种对你的心血管系统非常有效的间歇跑训练。以轻松的速度跑1~2小时进行热身，接着在一个斜坡的线路上用你的比赛速度去跑，目标是在训练阶段自始至终维持这个速度，包括上坡和下坡。如果你正在非常陡峭的山坡上训练，那么始终维持比赛速度不太可能，并且你很可能速度会下

降。但是当你在下坡阶段来恢复的时候，可以尝试并保持比赛速度的强度水平。

**间歇跑（山坡跑）**

这部分训练是艰苦的，但是你应该把它们看作是挑战，而不是惧怕的事情。这部分训练除了能增强力量和自信心，也能增加乳酸阈值，让你在比赛日来临的时候保持高水平。用轻松的10~15分钟的热身跑作为开始，接着在一个长的陡峭的山坡上用90秒努力地上坡，然后用2~3分钟慢跑下坡至起始处来恢复，并且以训练方案中规定的次数来重复这个过程。在训练之后轻松地跑10分钟使身体平静下来。你的目标应该是在每次和每组训练中保持相同的速度（你最后一次山坡跑，应该和你第一次的速度一致），所以注意不要在一开始的时候太过用力。和大多数的训练一样，你练习得越多就越清楚地知道整个训练中该用多快的速度。

**间歇跑（400米）**

用轻松的10~15分钟的热身跑作为开始，接着在一个平坦的地方尽最大努力跑400米，然后用2~3分钟慢跑来恢复，并且以训练方案中列出的次数重复这个过程。在训练之后轻松地跑10分钟使身体平静下来。和间歇跑（山坡跑）一样，这个跑步的关键是在每次和每组训练中保持相同的强度。许多跑者第一次尝试这种跑步训练的时候，在开始的200米就全力以赴，紧接着在剩下的训练中再未能达到这种速度。在尝试最大努力跑步之前必须确保已经充分的热身，在你锻炼肌肉纤维，并且做一些身体可能很长一段时间都没有做过的许多动作时，没有充分的热身将会导致伤痛。

**轻松（或恢复）跑**

出去跑一个令人愉快的、轻松的慢跑。这种跑步形式一般是在结束了一天的大强度训练之后进行的，而此时你的腿可能会感觉非常沉重。不用去考虑跑步速度，不要强迫自己，记住这只是一个恢复跑。

**比赛配速跑**

提高你的能力，达到比赛的目标配速，并且在训练中自始至终用这个速度来跑。你不需要像间歇跑（以比赛的速度山坡跑）那样去调整速度，要确保在每一次跑步中都是相同的强度水平。如果你能搞清楚这种区别，那么你的速度将会是多样化的，但是这个平均速度应该是你比赛的目标配速。

**交叉训练**

用交叉训练的练习和训练计划来训练力量和核心（参考第75~107页“交叉训练”），要专注于任何你身体的弱项。你可以在这一天做一些其他形式的训练，如单车或游泳，但是尽量不要在你的交叉训练日花费超过1小时的时间进行锻炼。

**休息**

不要训练，让你的身心都忘记关于跑步的事，如果可以，尽可能不要用你的腿。记住休息就是休息，所以不要想着去打扫阁楼或者是对屋子进行大扫除。休息和努力训练同等重要，所以训练方案“休息或交叉训练”选择一项的这一天，不要总是忽略休息。

**拉伸训练**

去上拉伸或瑜伽课，或者是在家或健身房做至少30分钟的拉伸训练（参考第65~73页“拉伸”）。

# 如何选择你的距离和目标

在决定用多快的速度跑多远的时候，最重要的是实事求是。当设立了挑战，却中途突然意识到所选择的任务是无法完成时，这种失败感是非常糟糕的。

你设立目标的时候必须确保它是具有挑战性的，但同时又是可以实现的。在你完成第一次马拉松或者是第一次的10公里跑步以后，这种实现目标的感觉是非常美妙的，会让你想重复体验，这种感觉将会带动你向更高的目标努力。有一些人一开始都不敢想他们能不停地跑10分钟，但是经过科学的训练，他们可以完成一场马拉松。即使这个过程会花费数年，也没有关系，因为在这个过程中有着很多乐趣，而且对健康有好处，还能减肥，等等。

在长距离的跑步中选择正确的目标时间尤为重要。许多跑者随意制订了时间，接着开始训练计划，然后发现用承诺的时间来跑这些距离简直太艰难了。记住：之所以完成马拉松对跑者来说意味着取得了成就是因为马拉松很艰苦，并且训练需要极大的努力。马拉松的平均完成时间大约为男性4小时30分钟，女性5小时10分钟。当然，这个时间会根据路线和天气条件而改变。

那么你会选择多长的目标距离并且使用哪种训练方案呢？只要你有跑完5公里的时间，下面的比赛时间预测表就能为你预测跑完10公里、半程马拉松和全程马拉松的目标时间提供有用的参考。仅仅是在图表的最左边找到你完成5公里跑的时间，然后横着读就能看见你完成长距离跑的预估时间。

**比赛时间预测表**

| 5公里（分钟） | 10公里（分钟） | 21.1公里（小时） | 42.2公里（小时） |
|---|---|---|---|
| 17.30 | 36.00 | 1.20 | 2.51 |
| 20.00 | 42.00 | 1.32 | 3.15 |
| 22.30 | 47.00 | 1.43 | 3.39 |
| 25.00 | 52.00 | 1.55 | 4.05 |
| 27.30 | 57.00 | 2.07 | 4.29 |
| 30.00 | 63.00 | 2.17 | 4.52 |
| 32.30 | 68.00 | 2.29 | 5.17 |
| 35.00 | 73.00 | 2.41 | 5.41 |
| 37.30 | 78.00 | 2.52 | 6.06 |
| 40.00 | 83.00 | 3.04 | 6.30 |

但是需要注意的是，这些数据只是为你开始训练提供参考。每个人的身体都是不同的，我们都有不同的跑步技巧。有些人5公里能跑得很快，但是当他们跑半程马拉松的时候速度会明显变慢。然而也有的人能够维持10公里的速度跑完整个半程马拉松。所以当你开始你的训练方案的时候，准备好随时调整你的目标。

**找到你的目标时间**

1. 如果你不能跑超过30分钟，那么就从跑走训练方案开始（参考第150页）。这个训练方案能使你的身体逐渐增强并建立牢固的基础。

2. 一旦你能持续跑超过30分钟，你就可以调整训练方案为60分钟内完成10公里（参考第150页）。这是一个用时少的训练方案，并且你将很快发现自己跑得更快了。

3. 一旦你感觉自己准备好了，制订一个5公里的平坦路面跑步路线和时间规划。一旦你有了5公里的经验，你就可以用预测时间表来预估你长距离跑步的时间并选择相应的训练方案。

# 跑走

基础训练的跑走训练方案

| | 次数 | 第1天 | 第2天 | 第3天 | 第4天 | 第5天 | 第6天 | 第7天 |
|---|---|---|---|---|---|---|---|---|
| 第1周 | ×5 | 1和3 | 核心 | 1和3 | 休息或交叉训练 | 1和3 | 拉伸 | 休息 |
| 第2周 | ×6 | 2和2 | 核心 | 2和2 | 休息或交叉训练 | 2和2 | 拉伸 | 休息 |
| 第3周 | ×5 | 3和2 | 核心 | 3和2 | 休息或交叉训练 | 3和2 | 拉伸 | 休息 |
| 第4周 | ×5 | 3和1 | 核心 | 3和1 | 休息或交叉训练 | 3和1 | 拉伸 | 休息 |
| 第5周 | ×5 | 4和1 | 核心 | 4和1 | 休息或交叉训练 | 4和1 | 拉伸 | 休息 |
| 第6周 | ×4 | 6和1 | 核心 | 8和1 | 休息或交叉训练 | 6和1 | 拉伸 | 休息 |
| 第7周 | ×4 | 8和1 | 核心 | 7和1 | 休息或交叉训练 | 9和1 | 拉伸 | 休息 |
| 第8周 | ×4 | 10和1 | 核心 | 10和1 | 休息或交叉训练 | 10和1 | 拉伸 | 休息 |
| 第9周 | ×5 | 10和1 | 核心 | 10和1 | 休息或交叉训练 | 跑40分钟 | 拉伸 | 休息 |
| 第10周 | ×1 | 跑45分钟 | 核心 | 跑10分钟 | 休息 | 跑50分钟 | 拉伸 | 休息 |

# 10公里

60分钟内完成10公里的训练方案

| | 第1天 | 第2天 | 第3天 | 第4天 | 第5天 | 第6天 | 第7天 |
|---|---|---|---|---|---|---|---|
| | 轻松跑 | 阈值跑 | 休息或交叉训练 | 间歇跑（400米） | 拉伸 | 休息 | 长距离慢跑或参加赛事 |
| 第1周 | 3公里 | 3公里 | 休息或交叉训练 | 3次×400米 | 拉伸 | 休息 | 3公里 |
| 第2周 | 5公里 | 5公里 | 休息或交叉训练 | 3次×400米 | 拉伸 | 休息 | 5公里 |
| 第3周 | 5公里 | 5公里 | 休息或交叉训练 | 4次×400米 | 拉伸 | 休息 | 7公里 |
| 第4周 | 5公里 | 5公里 | 休息或交叉训练 | 4次×400米 | 拉伸 | 休息 | 9公里 |
| 第5周 | 5公里 | 7公里 | 休息或交叉训练 | 4次×400米 | 拉伸 | 休息 | 10公里 |
| 第6周 | 5公里 | 7公里 | 休息或交叉训练 | 4次×400米 | 拉伸 | 休息 | 8公里 |
| 第7周 | 5公里 | 7公里 | 休息或交叉训练 | 5次×400米 | 拉伸 | 休息 | 10公里 |
| 第8周 | 3公里 | 7公里 | 休息 | 3次×400米 | 拉伸 | 休息 | 赛事 |

55分钟内完成10公里的训练方案

| | 第1天 | 第2天 | 第3天 | 第4天 | 第5天 | 第6天 | 第7天 |
|---|---|---|---|---|---|---|---|
| | 轻松跑 | 阈值跑 | 休息或交叉训练 | 间歇跑（400米） | 拉伸 | 休息 | 长距离慢跑或参加赛事 |
| 第1周 | 3公里 | 3公里 | 休息或交叉训练 | 3次×400米 | 拉伸 | 休息 | 3公里 |
| 第2周 | 5公里 | 5公里 | 休息或交叉训练 | 3次×400米 | 拉伸 | 休息 | 5公里 |
| 第3周 | 5公里 | 5公里 | 休息或交叉训练 | 4次×400米 | 拉伸 | 休息 | 7公里 |
| 第4周 | 5公里 | 6公里 | 休息或交叉训练 | 4次×400米 | 拉伸 | 休息 | 9公里 |
| 第5周 | 5公里 | 6公里 | 休息或交叉训练 | 5次×400米 | 拉伸 | 休息 | 10公里 |
| 第6周 | 5公里 | 7公里 | 休息或交叉训练 | 5次×400米 | 拉伸 | 休息 | 11公里 |
| 第7周 | 5公里 | 8公里 | 休息或交叉训练 | 6次×400米 | 拉伸 | 休息 | 10公里 |
| 第8周 | 3公里 | 5公里 | 休息 | 3次×400米 | 拉伸 | 休息 | 赛事 |

50分钟内完成10公里的训练方案

| | 第1天 | 第2天 | 第3天 | 第4天 | 第5天 | 第6天 | 第7天 |
|---|---|---|---|---|---|---|---|
| | 轻松跑 | 阈值跑 | 休息或交叉训练 | 间歇跑（400米） | 拉伸 | 休息 | 长距离慢跑或参加赛事 |
| 第1周 | 3公里 | 3公里 | 休息或交叉训练 | 3次×400米 | 拉伸 | 休息 | 3公里 |
| 第2周 | 5公里 | 5公里 | 休息或交叉训练 | 4次×400米 | 拉伸 | 休息 | 5公里 |
| 第3周 | 5公里 | 5公里 | 休息或交叉训练 | 4次×400米 | 拉伸 | 休息 | 7公里 |
| 第4周 | 5公里 | 7公里 | 休息或交叉训练 | 5次×400米 | 拉伸 | 休息 | 9公里 |
| 第5周 | 5公里 | 7公里 | 休息或交叉训练 | 5次×400米 | 拉伸 | 休息 | 12公里 |
| 第6周 | 5公里 | 8公里 | 休息或交叉训练 | 6次×400米 | 拉伸 | 休息 | 10公里 |
| 第7周 | 5公里 | 8公里 | 休息或交叉训练 | 6次×400米 | 拉伸 | 休息 | 10公里 |
| 第8周 | 5公里 | 6公里 | 休息 | 4次×400米 | 拉伸 | 休息 | 赛事 |

45分钟内完成10公里的训练方案

| | 第1天 | 第2天 | 第3天 | 第4天 | 第5天 | 第6天 | 第7天 |
|---|---|---|---|---|---|---|---|
| | 轻松跑 | 阈值跑 | 休息或交叉训练 | 间歇跑（400米） | 间歇跑（山坡跑） | 休息 | 长距离慢跑或参加赛事 |
| 第1周 | 3公里 | 3公里 | 休息或交叉训练 | 3次×400米 | 3公里 | 休息 | 4公里 |
| 第2周 | 5公里 | 5公里 | 休息或交叉训练 | 4次×400米 | 4公里 | 休息 | 6公里 |
| 第3周 | 5公里 | 6公里 | 休息或交叉训练 | 4次×400米 | 5公里 | 休息 | 9公里 |
| 第4周 | 5公里 | 7公里 | 休息或交叉训练 | 5次×400米 | 5公里 | 休息 | 12公里 |
| 第5周 | 5公里 | 8公里 | 休息或交叉训练 | 5次×400米 | 5公里 | 休息 | 14公里 |
| 第6周 | 5公里 | 8公里 | 休息或交叉训练 | 6次×400米 | 6公里 | 休息 | 12公里 |
| 第7周 | 5公里 | 8公里 | 休息或交叉训练 | 6次×400米 | 7公里 | 休息 | 10公里 |
| 第8周 | 5公里 | 7公里 | 休息 | 4次×400米 | 4公里 | 休息 | 赛事 |

# 半程马拉松

2小时15分钟内完成半程马拉松的训练方案

| | 第1天 | 第2天 | 第3天 | 第4天 | 第5天 | 第6天 | 第7天 |
|---|---|---|---|---|---|---|---|
| | 轻松跑 | 休息或交叉训练 | 阈值跑 | 休息 | 间歇跑（以比赛的速度山坡跑） | 拉伸 | 长距离慢跑或参加赛事 |
| 第1周 | 3公里 | 休息或交叉训练 | 3公里 | 休息 | 3公里 | 拉伸 | 5公里 |
| 第2周 | 3公里 | 休息或交叉训练 | 5公里 | 休息 | 3公里 | 拉伸 | 5公里 |
| 第3周 | 3公里 | 休息或交叉训练 | 6公里 | 休息 | 5公里 | 拉伸 | 6公里 |
| 第4周 | 5公里 | 休息或交叉训练 | 6公里 | 休息 | 5公里 | 拉伸 | 8公里 |
| 第5周 | 5公里 | 休息或交叉训练 | 8公里 | 休息 | 3公里 | 拉伸 | 11公里 |
| 第6周 | 5公里 | 休息或交叉训练 | 5公里 | 休息 | 5公里 | 拉伸 | 定时10公里 |
| 第7周 | 5公里 | 休息或交叉训练 | 8公里 | 休息 | 6公里 | 拉伸 | 8公里 |
| 第8周 | 5公里 | 休息或交叉训练 | 8公里 | 休息 | 8公里 | 拉伸 | 11公里 |
| 第9周 | 5公里 | 休息或交叉训练 | 8公里 | 休息 | 6公里 | 拉伸 | 14公里 |
| 第10周 | 5公里 | 休息或交叉训练 | 8公里 | 休息 | 6公里 | 拉伸 | 18公里 |
| 第11周 | 5公里 | 休息或交叉训练 | 8公里 | 休息 | 6公里 | 拉伸 | 10公里 |
| 第12周 | 5公里 | 休息 | 5公里 | 休息 | 3公里 | 拉伸 | 赛事 |

2小时内完成半程马拉松的训练方案

| | 第1天 | 第2天 | 第3天 | 第4天 | 第5天 | 第6天 | 第7天 |
|---|---|---|---|---|---|---|---|
| | 轻松跑 | 休息或交叉训练 | 阈值跑 | 休息 | 间歇跑（以比赛的速度山坡跑） | 拉伸 | 长距离慢跑或参加赛事 |
| 第1周 | 3公里 | 休息或交叉训练 | 5公里 | 休息 | 3公里 | 拉伸 | 6公里 |
| 第2周 | 5公里 | 休息或交叉训练 | 5公里 | 休息 | 3公里 | 拉伸 | 6公里 |
| 第3周 | 8公里 | 休息或交叉训练 | 6公里 | 休息 | 5公里 | 拉伸 | 8公里 |
| 第4周 | 8公里 | 休息或交叉训练 | 6公里 | 休息 | 5公里 | 拉伸 | 10公里 |
| 第5周 | 8公里 | 休息或交叉训练 | 8公里 | 休息 | 6公里 | 拉伸 | 13公里 |
| 第6周 | 8公里 | 休息或交叉训练 | 5公里 | 休息 | 5公里 | 拉伸 | 10公里赛事 |
| 第7周 | 8公里 | 休息或交叉训练 | 8公里 | 休息 | 6公里 | 拉伸 | 11公里 |
| 第8周 | 8公里 | 休息或交叉训练 | 10公里 | 休息 | 8公里 | 拉伸 | 13公里 |
| 第9周 | 8公里 | 休息或交叉训练 | 10公里 | 休息 | 8公里 | 拉伸 | 16公里 |
| 第10周 | 8公里 | 休息或交叉训练 | 8公里 | 休息 | 8公里 | 拉伸 | 18公里 |
| 第11周 | 8公里 | 休息或交叉训练 | 8公里 | 休息 | 10公里 | 拉伸 | 10公里 |
| 第12周 | 8公里 | 休息 | 5公里 | 休息 | 3公里 | 拉伸 | 赛事 |

1小时45分钟内完成半程马拉松的训练方案

| | 第1天 | 第2天 | 第3天 | 第4天 | 第5天 | 第6天 | 第7天 |
|---|---|---|---|---|---|---|---|
| | 轻松跑 | 休息或交叉训练 | 阈值跑或轻松跑 | 比赛配速跑或轻松跑 | 间歇跑（以比赛的速度山坡跑）或轻松跑 | 休息 | 长距离慢跑或参加赛事 |
| 第1周 | 5公里 | 休息或交叉训练 | 5公里 | 5公里 | 5公里 | 休息 | 6公里 |
| 第2周 | 6公里 | 休息或交叉训练 | 5公里 | 5公里 | 8公里 | 休息 | 10公里 |
| 第3周 | 6公里 | 休息或交叉训练 | 6公里 | 5公里 | 8公里 | 休息 | 11公里 |
| 第4周 | 8公里 | 休息或交叉训练 | 6公里 | 6公里 | 8公里 | 休息 | 13公里 |
| 第5周 | 8公里 | 休息或交叉训练 | 8公里 | 6公里 | 5公里 | 休息 | 13公里 |
| 第6周 | 8公里 | 休息或交叉训练 | 8公里 | 6公里 | 8公里 | 休息 | 10公里赛事 |
| 第7周 | 8公里 | 休息或交叉训练 | 10公里 | 8公里 | 10公里 | 休息 | 13公里 |
| 第8周 | 8公里 | 休息或交叉训练 | 11公里 | 8公里 | 10公里 | 休息 | 16公里 |
| 第9周 | 8公里 | 休息或交叉训练 | 11公里 | 8公里 | 10公里 | 休息 | 19公里 |
| 第10周 | 8公里 | 休息或交叉训练 | 13公里 | 8公里 | 10公里 | 休息 | 23公里 |
| 第11周 | 6公里 | 休息或交叉训练 | 10公里 | 8公里 | 10公里 | 休息 | 13公里 |
| 第12周 | 6公里 | 休息 | 3公里轻松跑 | 3公里轻松跑 | 5公里轻松跑 | 休息 | 赛事 |

1小时35分钟内完成半程马拉松的训练方案

| | 第1天 | 第2天 | 第3天 | 第4天 | 第5天 | 第6天 | 第7天 |
|---|---|---|---|---|---|---|---|
| | 轻松跑 | 休息或交叉训练 | 阈值跑 | 比赛配速跑 | 间歇跑（以比赛的速度山坡跑） | 休息 | 长距离慢跑或参加赛事 |
| 第1周 | 5公里 | 休息或交叉训练 | 5公里 | 5公里 | 5公里 | 休息 | 10公里 |
| 第2周 | 6公里 | 休息或交叉训练 | 6公里 | 6公里 | 6公里 | 休息 | 13公里 |
| 第3周 | 8公里 | 休息或交叉训练 | 8公里 | 8公里 | 6公里 | 休息 | 13公里 |
| 第4周 | 8公里 | 休息或交叉训练 | 10公里 | 8公里 | 8公里 | 休息 | 16公里 |
| 第5周 | 8公里 | 休息或交叉训练 | 10公里 | 8公里 | 10公里 | 休息 | 16公里 |
| 第6周 | 8公里 | 休息或交叉训练 | 11公里 | 8公里 | 10公里 | 休息 | 19公里 |
| 第7周 | 8公里 | 休息或交叉训练 | 11公里 | 8公里 | 6公里 | 休息 | 10公里赛事 |
| 第8周 | 8公里 | 休息或交叉训练 | 13公里 | 8公里 | 10公里 | 休息 | 23公里 |
| 第9周 | 8公里 | 休息或交叉训练 | 13公里 | 8公里 | 10公里 | 休息 | 24公里 |
| 第10周 | 8公里 | 休息或交叉训练 | 14公里 | 8公里 | 11公里 | 休息 | 19公里 |
| 第11周 | 8公里 | 休息或交叉训练 | 16公里 | 8公里 | 11公里 | 休息 | 13公里 |
| 第12周 | 8公里 | 休息 | 6公里 | 5公里 | 3公里 | 休息 | 赛事 |

# 全程马拉松

5小时完成全程马拉松的训练方案

| | 第1天 | 第2天 | 第3天 | 第4天 | 第5天 | 第6天 | 第7天 |
|---|---|---|---|---|---|---|---|
| | 轻松跑 | 休息或交叉训练 | 阈值跑或轻松跑 | 休息 | 间歇跑（以比赛的速度山坡跑）或轻松跑 | 休息 | 长距离慢跑或参加赛事 |
| 第1周 | 5公里 | 休息或交叉训练 | 6公里 | 休息 | 3公里 | 休息 | 6公里 |
| 第2周 | 5公里 | 休息或交叉训练 | 6公里 | 休息 | 3公里 | 休息 | 10公里 |
| 第3周 | 5公里 | 休息或交叉训练 | 8公里 | 休息 | 5公里 | 休息 | 13公里 |
| 第4周 | 6公里 | 休息或交叉训练 | 8公里 | 休息 | 5公里 | 休息 | 13公里 |
| 第5周 | 6公里 | 休息或交叉训练 | 10公里 | 休息 | 3公里 | 休息 | 16公里 |
| 第6周 | 8公里 | 休息或交叉训练 | 10公里 | 休息 | 5公里 | 休息 | 19公里 |
| 第7周 | 8公里 | 休息或交叉训练 | 6公里 | 休息 | 3公里 | 休息 | 21.1公里赛事 |
| 第8周 | 8公里 | 休息或交叉训练 | 6公里 | 休息 | 5公里 | 休息 | 26公里 |
| 第9周 | 8公里 | 休息或交叉训练 | 13公里 | 休息 | 6公里 | 休息 | 19公里 |
| 第10周 | 8公里 | 休息或交叉训练 | 8公里 | 休息 | 3公里 | 休息 | 29公里 |
| 第11周 | 8公里 | 休息或交叉训练 | 16公里 | 休息 | 8公里 | 休息 | 16公里 |
| 第12周 | 8公里 | 休息或交叉训练 | 6公里 | 休息 | 3公里 | 休息 | 32公里 |
| 第13周 | 8公里 | 休息或交叉训练 | 8公里 | 休息 | 8公里 | 休息 | 24公里 |
| 第14周 | 8公里 | 休息或交叉训练 | 8公里 | 休息 | 6公里 | 休息 | 16公里 |
| 第15周 | 8公里 | 休息或交叉训练 | 3公里轻松跑 | 休息 | 3公里轻松跑 | 休息 | 10公里 |
| 第16周 | 5公里 | 休息 | 2公里轻松跑 | 休息 | 2公里轻松跑 | 休息 | 赛事 |

4小时30分钟内完成全程马拉松的训练方案

| | 第1天 | 第2天 | 第3天 | 第4天 | 第5天 | 第6天 | 第7天 |
|---|---|---|---|---|---|---|---|
| | 轻松跑 | 休息或交叉训练 | 阈值跑或轻松跑 | 比赛配速跑或休息 | 间歇跑（以比赛的速度山坡跑）或轻松跑 | 休息 | 长距离慢跑或参加赛事 |
| 第1周 | 5公里 | 休息或交叉训练 | 5公里 | 5公里 | 5公里 | 休息 | 10公里 |
| 第2周 | 6公里 | 休息或交叉训练 | 6公里 | 6公里 | 5公里 | 休息 | 11公里 |
| 第3周 | 8公里 | 休息或交叉训练 | 6公里 | 8公里 | 6公里 | 休息 | 13公里 |
| 第4周 | 8公里 | 休息或交叉训练 | 8公里 | 8公里 | 6公里 | 休息 | 16公里 |
| 第5周 | 8公里 | 休息或交叉训练 | 8公里 | 8公里 | 6公里 | 休息 | 16公里 |
| 第6周 | 8公里 | 休息或交叉训练 | 10公里 | 8公里 | 6公里 | 休息 | 19公里 |
| 第7周 | 8公里 | 休息或交叉训练 | 10公里 | 8公里 | 6公里 | 休息 | 19公里 |
| 第8周 | 8公里 | 休息或交叉训练 | 11公里 | 8公里 | 6公里 | 休息 | 21.1公里赛事 |
| 第9周 | 8公里 | 休息或交叉训练 | 8公里 | 8公里 | 6公里 | 休息 | 26公里 |
| 第10周 | 8公里 | 休息或交叉训练 | 8公里 | 8公里 | 6公里 | 休息 | 23公里 |
| 第11周 | 8公里 | 休息或交叉训练 | 13公里 | 8公里 | 8公里 | 休息 | 24公里 |
| 第12周 | 8公里 | 休息或交叉训练 | 14公里 | 8公里 | 6公里 | 休息 | 29公里 |
| 第13周 | 8公里 | 休息或交叉训练 | 16公里 | 8公里 | 8公里 | 休息 | 26公里 |
| 第14周 | 8公里 | 休息或交叉训练 | 8公里 | 8公里 | 5公里 | 休息 | 32公里 |
| 第15周 | 8公里 | 休息或交叉训练 | 5公里 | 5公里 | 5公里 | 休息 | 16公里 |
| 第16周 | 5公里 | 休息 | 3公里轻松跑 | 休息 | 3公里轻松跑 | 休息 | 赛事 |

4小时内完成全程马拉松的训练方案

| | 第1天 | 第2天 | 第3天 | 第4天 | 第5天 | 第6天 | 第7天 |
|---|---|---|---|---|---|---|---|
| | 轻松跑 | 休息或交叉训练 | 阈值跑或轻松跑 | 比赛配速跑或休息 | 间歇跑（以比赛的速度山坡跑）或轻松跑 | 休息 | 长距离慢跑或参加赛事 |
| 第1周 | 5公里 | 休息或交叉训练 | 5公里 | 5公里 | 5公里 | 休息 | 8公里 |
| 第2周 | 6公里 | 休息或交叉训练 | 6公里 | 6公里 | 5公里 | 休息 | 13公里 |
| 第3周 | 8公里 | 休息或交叉训练 | 6公里 | 8公里 | 6公里 | 休息 | 13公里 |
| 第4周 | 8公里 | 休息或交叉训练 | 8公里 | 8公里 | 6公里 | 休息 | 16公里 |
| 第5周 | 8公里 | 休息或交叉训练 | 8公里 | 8公里 | 8公里 | 休息 | 16公里 |
| 第6周 | 8公里 | 休息或交叉训练 | 10公里 | 8公里 | 8公里 | 休息 | 19公里 |
| 第7周 | 8公里 | 休息或交叉训练 | 10公里 | 8公里 | 10公里 | 休息 | 19公里 |
| 第8周 | 8公里 | 休息或交叉训练 | 11公里 | 8公里 | 10公里 | 休息 | 23/21.1公里赛事 |
| 第9周 | 8公里 | 休息或交叉训练 | 8公里 | 8公里 | 6公里 | 休息 | 26公里 |
| 第10周 | 8公里 | 休息或交叉训练 | 8公里 | 8公里 | 6公里 | 休息 | 29公里 |
| 第11周 | 8公里 | 休息或交叉训练 | 13公里 | 8公里 | 10公里 | 休息 | 23公里 |
| 第12周 | 8公里 | 休息或交叉训练 | 14公里 | 8公里 | 6公里 | 休息 | 29公里 |
| 第13周 | 8公里 | 休息或交叉训练 | 16公里 | 8公里 | 10公里 | 休息 | 26公里 |
| 第14周 | 8公里 | 休息或交叉训练 | 8公里 | 8公里 | 5公里 | 休息 | 32公里 |
| 第15周 | 8公里 | 休息或交叉训练 | 5公里 | 5公里 | 5公里 | 休息 | 16公里 |
| 第16 周 | 5公里 | 休息 | 3公里轻松跑 | 休息 | 3公里轻松跑 | 休息 | 赛事 |

3小时30分钟内完成全程马拉松的训练方案

| | 第1天 | 第2天 | 第3天 | 第4天 | 第5天 | 第6天 | 第7天 |
|---|---|---|---|---|---|---|---|
| | 轻松跑 | 阈值跑或轻松跑 | 比赛配速跑或休息 | 比赛配速跑（山坡跑）或轻松跑 | 间歇跑、轻松跑或休息 | 休息 | 长距离慢跑或参加赛事 |
| 第1周 | 8公里 | 8公里 | 5公里 | 8公里 | 3次 | 休息 | 13公里 |
| 第2周 | 8公里 | 11公里 | 8公里 | 8公里 | 4次 | 休息 | 16公里 |
| 第3周 | 8公里 | 14公里 | 8公里 | 8公里 | 4次 | 休息 | 19公里 |
| 第4周 | 8公里 | 14公里 | 8公里 | 11公里 | 5次 | 休息 | 23公里 |
| 第5周 | 8公里 | 16公里 | 8公里 | 11公里 | 5次 | 休息 | 16公里 |
| 第6周 | 8公里 | 16公里 | 8公里 | 14公里 | 6次 | 休息 | 26公里 |
| 第7周 | 8公里 | 19公里 | 8公里 | 14公里 | 6次 | 休息 | 19公里 |
| 第8周 | 8公里 | 19公里 | 8公里 | 16公里 | 7次 | 休息 | 29公里 |
| 第9周 | 8公里 | 23公里 | 8公里 | 8公里 | 8次 | 休息 | 21.1公里赛事 |
| 第10周 | 8公里 | 23公里 | 8公里 | 16公里 | 5公里轻松跑 | 休息 | 32公里 |
| 第11周 | 8公里 | 19公里 | 8公里 | 13公里 | 8次 | 休息 | 26公里 |
| 第12周 | 8公里 | 16公里 | 8公里 | 16公里 | 5公里轻松跑 | 休息 | 29公里 |
| 第13周 | 8公里 | 26公里 | 8公里 | 16公里 | 8次 | 休息 | 26公里 |
| 第14周 | 8公里 | 16公里 | 8公里 | 8公里 | 8公里轻松跑 | 休息 | 32~35公里 |
| 第15周 | 8公里 | 6公里 | 5公里 | 3公里轻松跑 | 3公里轻松跑 | 休息 | 16公里 |
| 第16周 | 5公里 | 3公里轻松跑 | 休息 | 3公里轻松跑 | 休息 | 休息 | 赛事 |

## 作者简介

**保罗·考彻**（Paul Cowcher）是一位跑步专家，完成了数次马拉松比赛，并训练其他人成功完成多种距离长度的跑步比赛，从事健康与健身事业十余年。在此之前，他是一名专业的舞者，拥有高级教练、普拉提教练，以及教授其他健身舞蹈课程的资质。

**托马索·贝尔纳贝伊**（Tommaso Bernabei）毕业于伦敦城市大学，是一位电视编剧和非小说类作家。通过做电视节目的机会，他与意大利美食秀合作，因此对运动营养产生了浓厚的兴趣。现在，他是一家意大利游泳俱乐部的饮食规划师，并且正在撰写一本运动营养的食谱。

**拉塞尔·穆罗伊**（Russell Murphy）是一位运动心理学家，经营有自己的网站。他与各个运动领域的运动员都有接触，包括马拉松运动员、高尔夫运动员、骑跑运动员、铁人三项运动员和一些足球运动员。他是世界催眠师联盟的一员，同时积极推动在大型企业中开展跑步戒烟、体重管理、建立自信、克服恐惧症及其他疗法的合作。

## 主译简介

**乔钧**　上海市第二康复医院康复治疗部主任，农工民主党上海市委后备干部，中国康复医学会物理治疗专业委员会第一届青年工作委员会常委，上海市康复医学会第一届物理治疗专业委员会常委，中国康复医疗机构联盟肌骨康复专业委员会委员，中国康复医学会康复治疗专业委员会超声技术学组委员。《瑜伽解剖学——体式全彩图解》主译，《关节松动术》编委；发表学术论文10余篇，其中以第一作者或通讯作者发表SCI论文2篇；参与国家级课题一项，主持与承担国家体育总局科技攻关计划项目与各级课题多项。

**王会儒**　博士，教授，上海交通大学体育系副主任，中国体育科学学会武术与民族传统体育分会委员，上海体育科学学会运动康复分会委员，上海市精品课程“瑜伽”负责人。研究方向：民族传统体育与健康促进。王会儒以第一作者或通讯作者发表SCI论文5篇、中文核心期刊论文7篇、国际会议论文6篇；出版学术专著1种、教材1种、科普著作2种，主持翻译著作5种；承担国家及省部级课题多项。